Hermann Lübbe

›Ich entschuldige mich‹

Hermann Lübbe

›Ich entschuldige mich‹

Das neue politische Bußritual

Siedler

Inhalt

Vorwort 7

I. Vergebungsbitten und Entschuldigungen – ein neues Element internationaler Politik 11

II. Vergebungsbitten – nicht Diplomatie, sondern Zivilreligion 29

III. Zivilbußtarife 49

IV. Leidensnationalismus 59

V. Who is who? Politische Identitätsfiktionen 69

VI. Historisierung oder die kurzen Beine der Geschichtslügen 81

VII. Die Trivialität der Geschichtsmoral 99

VIII. Das Ende der politischen Vergangenheitskontrolle und die Archive 109

Anmerkungen 119

Vorwort

Öffentliche politische Eingeständnisse historischer Schuld sind der Gegenstand dieses Essays. Um einen weiteren Beitrag zur deutschen Vergangenheitsbewältigung handelt es sich nicht. Das Buch möchte auf die aktuelle Internationalität der neuen Praxis aufmerksam machen, eigene frühere Untaten vor den Nachkommen ihrer Opfer öffentlich zu bekennen. Das geschieht heute weltweit über Deutschland hinaus in Russland und in Japan, in den USA, in Tschechien und in Kanada.

Ein neues, inzwischen ritualisiertes Element internationaler Beziehungen wird sichtbar. Gelegentlich erhebt sich der Ritus zur förmlichen Bitte um Vergebung. Religiöse Anklänge sind dann unüberhörbar. Auch Segenswünsche, Kreuzeserrichtungen gar begegnen als Teil der fraglichen politischen Handlung. Sie lässt sich als Akt der Zivilreligion deuten.

Es wäre ein Missverständnis aus deutscher Selbstbezogenheit zu meinen, hier fände deutsche Moral politischer Vergangenheitsaufarbeitung ihre Nachahmer rund um den Globus. Wer sich des Entschuldigungsritus bedient, hat dafür jeweils seine eigenen, unvergleichlichen Gründe. Zugleich aber hat der Vorgang eine allgemeine

Bedeutung für Wandlungen politischer Kultur, die sich weltöffentlich zur Geltung bringen.

Was ist der Sinn öffentlicher Schuldbekenntnisse, die sich in einigen Fällen sogar auf Untaten beziehen, die jahrhundertweit zurückliegen? Was bedeutet es, die Taten von Tätern zu bekennen, denen die Bekenner, statt im dritten und vierten Glied, in der sechsten oder siebten Generation folgen? Das ist nicht evident, und das vorliegende Buch bemüht sich, das verständlich zu machen – in seinen plausiblen wie in seinen prekären Aspekten.

Dass es sich nicht um einen beiläufigen, vielmehr um einen sehr anspruchsvollen Vorgang handelt, macht schon der Rang der politischen Büßer sichtbar. Nicht Diplomaten oder Ministerialbeamte treten hier auf, vielmehr Regierungschefs und Staatsoberhäupter – von Clinton bis Jelzin. Adressat ihrer Bekenntnisse sind nicht die jeweils anderen Nationen in ihrer Rolle als Verbündete, Mitstreiter oder Kampfgenossen, vielmehr als Nachfahren ehemals Unterdrückter, Versklavter, Verfolgter. Die nationalen und sonstigen Kommunitäten, die in dieser Verfolgtenrolle sich herausgehoben finden, werden als Leidenskommunitäten anerkannt, und deren historisches Profil gewinnt dabei schärfere Konturen als das der bekenntnisbereiten Täternachfahren. Leidensgeschichten werden darüber zum Medium historisch-politischer Selbstidentifikation.

Geschichtspolitisch fördert der neue Ritus die Bereitschaft zur Historisierung, das heißt zur vorbehaltlosen Kenntnisnahme dessen, was wirklich gewesen ist. Die Epoche der Schwarz- und Weißbücher, die über einen selbst weißeingebunden und über Gegner und Feinde schwarzeingebunden berichteten, scheint zu Ende zu gehen. Geschichte darf wieder in Schwarzweiß-Büchern geschrieben werden.

Noch während des Kalten Krieges, dessen Ende ja gerade erst ein gutes Jahrzehnt hinter uns liegt, hätte sich das nicht uneingeschränkt sagen lassen. Inzwischen blicken wir auf das abgelaufene Jahrhundert als auf das Jahrhundert der großen totalitären Bewegungen und Schreckensregime zurück. Nach der Öffnung der Massengräber öffnen sich nun auch bislang verschlossen gewesene Archive. An die Stelle der Moral der ideologischen Rechthaberei tritt die anspruchsvollere Moral der Bereitschaft zur Anerkennung der historischen Wirklichkeit. Das ist nicht überall so. Aber der Anspruch der neuen Geschichtsmoral ist nachweislich politisch wirksam. Im fraglichen neuen Ritus bringt er sich dann und wann zur Geltung.

Für die Deutschen hat die neue vergangenheitspolitische Praxis noch eine spezielle Bedeutung. Sie lässt erkennen, dass man nicht mit einer Zukunft rechnen sollte, in der das Thema deutscher Vergangenheitslasten sich kraft Zeitablauf endgültig erledigt haben wird. Der neue, inzwischen international etablierte Ritus demonstriert uns: Die Aufdringlichkeit schlimmer Vergangenheiten nimmt sogar über den Tod der Täter hinaus noch zu, weil die Erinnerung an die Leiden ihrer Opfer für die Gemeinschaften der Nachfahren dieser Opfer konstitutiv wird.

I.
Vergebungsbitten und Entschuldigungen – ein neues Element internationaler Politik

Die Entschuldigung für vergangene Untaten ist zu einer neuen Üblichkeit in der Pflege internationaler Beziehungen geworden. Den Deutschen ist das seit langem vertraut. Unvergessen ist Willy Brandts Überbietung des verbalen Entschuldigungsritus durch seinen Kniefall 1970 in Warschau vor dem Mahnmal für die Ghetto-Opfer der »Endlösung« der nationalsozialistischen Rassenreinigungspolitik in Europa. Dieser symbolische Akt ist damals »in der ganzen Welt mit großer und positiver Bewegung zur Kenntnis genommen« worden.[1] Die äußere Form, die Willy Brandt dem öffentlichen Einbekenntnis deutscher Schuld gab, ist freilich von anderen Staatsmännern nicht übernommen worden. Sie erwies sich als eine politisch nicht universalisierbare rituelle Bekundung, und es ist nicht schwer zu erkennen, was diesen Ritus politisch unverfügbar gemacht hat.

Der Grund ist nicht, dass die Bereitschaft anderer repräsentativer deutscher Politiker, sich auf die Massenverbrechen der nationalsozialistischen Diktatur mit Verantwortungseinbekenntnissen zu beziehen, gemeinhin schwächer ausgeprägt gewesen wäre. Vielmehr scheut man die Verwischung von Unterschieden zwischen politischen und religiösen Riten, welche Grenzverläufe zwischen Bürgerschaft und Religionsgemeinschaften markieren, die in Europa und auch in Deutschland strikter beachtet zu werden pflegen als in den USA. Die Demutsgeste des Niederkniens mutet heute kulturell wie ein kirchengebundener Frömmigkeitsritus an. Politische Anpassung an diesen Ritus könnte daher leicht wie ein Akt indiskreten symbolischen Handelns mit staatlich unverfügbaren Mitteln wirken. In Polen, das heißt in einem Land der historisch und näherhin im Kontrast zur Ideologie des machthabenden Kommunismus auffällig ausgeprägt gewesenen katholisch-christlichen nationalen Selbstidentifikation, mochte das angehen. Im laizistischen Frankreich hingegen wäre der fragliche Ritus bei analoger Gelegenheit in Oradour schwerlich verfügbar gewesen.

Willy Brandts Kniefall ist somit in der deutschen Vergangenheitspolitik[2] ein Sonderfall geblieben. Der Regelfall ist der des verbalen Entschuldigungshandelns, wie es uns ja auch aus dem Alltag als primär nicht religiös intendiertes Handeln vertraut ist. Immerhin wird dann und wann die politische Bitte um Entschuldigung, soweit sie sich auf Vergangenheitsgreuel bezieht, die der eigenen Geschichte zugerechnet werden, bis zur Bitte um Vergebung gesteigert.

So geschah es noch durch den deutschen Bundespräsidenten Johannes Rau im Dezember 1999 bei Gelegenheit des Abschlusses der Verhandlungen über die Zahlung einer Entschädigungspauschale von zehn Milliarden Mark zugunsten überlebender Zwangsarbeiter, die während des Zweiten Weltkriegs in Betrieben der Industrie und der Landwirtschaft eingesetzt waren. Das musste auf Beobachter, die für den Unterschied zwischen angemessenen und weniger angemessenen Riten eine Empfindlichkeit haben, prekär wirken. Der Anlass der präsidialen Äußerung war doch zunächst nur die Einigung über das Verfahren zur Aufbringung einer in der fraglichen Angelegenheit für angemessen gehaltenen Ausgleichssumme für angetanes Unrecht an den zu Arbeitseinsätzen verschleppten Personen. Diese Verschleppung war gewiss ein grober Verstoß wider elementare Menschenrechte, ein politisches Verbrechen, und die politische Bitte um Vergebung bezieht sich auf solche Verbrechen. Aber im aktuellen Fall handelte es sich ja nicht unmittelbar um diese, vielmehr um eine endlich erreichte Einigung über einen Bestandteil des Verfahrens der Wiedergutmachung in ihrem materiellen Aspekt. Auf diese Einigung wäre eine Genugtuungsbekundung die angemessene Reaktion gewesen.

In der Rede des deutschen Bundespräsidenten vor der Knesset in Jerusalem am 16. Februar 2000 hingegen hatte die Bitte um Vergebung ihren gehörigen Ort: »Im Angesicht des Volkes Israel verneige ich mich in Demut vor den Ermordeten, die keine Gräber mehr haben, an denen ich sie um Vergebung bitten könnte«, so Johannes Rau. »Ich bitte um Vergebung für das, was Deutsche getan haben, für mich und meine Generation, um unserer Kinder und Kindeskinder willen, deren Zukunft ich an der Seite der Kinder Israels sehen möchte.«[3] In politischer Repräsentanz für ein Staatsvolk um Vergebung zu bitten – das ist beim auch für Juden unüberhörbaren Anklang dieser Bitte an das Vaterunser der zivilreligiös unüberbietbar stärkste Ausdruck eines politischen Schuldeingeständnisses.

Damit ein solches Eingeständnis Gewicht behält, muss es rituell auf extraordinär gewichtige Gelegenheiten beschränkt bleiben. Größere rituelle Sicherheit, die in der Zivilbußpraxis derzeit noch nicht ausgebildet zu sein scheint, würde nahelegen, zur großen Form bei großen Gelegenheiten immer wieder einmal, aber doch nicht immerzu bei jeder Gelegenheit zu greifen. Wahr ist freilich, dass im Deutschen »Vergebung«, unbeschadet der uns gebetspraktisch vertrauten hohen Bedeutung dieses Wortes, auch einen banalen Gebrauch kennt. In der Wendung »vergeben und vergessen« begegnet er uns redensartlich. Indessen: Im Kontext der politischen Zivilbuße bleibt die religiöse Herkunft der Bitte um Vergebung unüberhörbar.

In Deutschland beschäftigt man sich mit der moralischen Fälligkeit öffentlichen politischen Schuldeingeständnisses zumeist selbstbezogen.[4] Das ist historisch erklärbar, und soweit die fragliche Literatur als solche den Charakter zivilreligiöser Bußpraxis annimmt, gehört die Selbstbezogenheit zur Sache. Schuld, die man einbekennt und für die man gegebenenfalls um Entschuldigung bittet, kann ja stets nur die eigene sein. Aber das Thema aktueller politischer Entschuldigungspraxis hat seine universalisierbaren Aspekte, und es ist von generellem Interesse, zur Kenntnis zu nehmen, in welchem Umfang inzwischen öffentliche politische Schuldeingeständnisse, oft mit Entschuldigungsbitten verbunden, die internationale Kommunikation mitbestimmen. Etliche einschlägige Fälle dürften inzwischen jedem Medienkonsumenten bekannt sein. Die Sache wird signifikant und erklärungsbedürftig, wenn man aus diesen Fällen ohne jeden Vollständigkeitsanspruch eine kleine Reihe bildet.[5]

Am 23. März 1998 richtete Bill Clinton, Präsident der Vereinigten Staaten von Amerika, bei Gelegenheit einer Reise, die ihn durch mehrere afrikanische Länder führte, eine kurze Ansprache an die *Community of Kisowera School* in Mukono, Uganda. Er berichtete, dass er mit Aufmerksamkeit den Worten des Präsidenten Museveni über die Geschichte Ugandas gelauscht habe. »It is as well not to dwell too much on the past«, gab Clinton zu bedenken. Aber die historischen Fakten machten es doch erforderlich, ausdrücklich festzustellen, »that the United States has not always done the right thing by Africa«. Schon in der Zeit »before we were even a nation, European Americans received the fruits of slave trade«.

Was bleibt da zu sagen? »We were wrong in that.« Wir – das sind also die Amerikaner vor fast einem Vierteljahrtausend, und ihre Sünden übernimmt Clinton für die gegenwärtig von ihm repräsentierte Nation. Über mehr als sieben Generationen hinweg werden hier die Sünden der Väter als eigene einbekannt. »But perhaps the worst sin America ever committed about Africa was the sin of neglect and ignorance«, fügt der Präsident hinzu, und diesem Sündenbekenntnis folgt nach religionskulturell vertrauter Ordnung der Dinge die Buße: »The United States wants to help. Through a new initiative, Education for Development and Democracy, we want to give 120 million dollars over the next two years to innovative programs to improve education«. Und das war erst der Anfang. Gesamthaft habe man von nun an nach der Einsicht zu handeln, »that we share common future on this planet of ours that is getting smaller and smaller and smaller ... Thank you and God bless you.«[6]

Die historische Szenerie, die Präsident William Jefferson Clinton für den wichtigsten Teil seines Besuches in Senegal gewählt hatte, steigerte noch die politisch-moralische Intensität der Vergangenheitsvergegenwärtigung: *Goree Island*. Dort besuchte Clinton das *Slave House*, den letzten afrikanischen Zwangsaufenthaltsort der Schwarzen vor ihrer Amerikareise, die »anything but a search for freedom« gewesen sei. Später aber habe Amerika doch, in Erfüllung des Freiheitsversprechens von 1776, seinen Kampf für die Überwindung der Sklaverei geführt. Die Schwarzen in seiner Begleitung repräsentierten jetzt »Africa's great gift to America«, nämlich die dreißig Millionen heutigen Afro-Amerikaner. Und wiederum dankte der Präsident und erbat Gottes Segen.[7]

Es versteht sich, dass amerikanische Zeitungen den Bericht über den afrikanischen Auftritt ihres Präsidenten zum Anlass nahmen, die Erinnerung ihrer Leser an die Sklavenfängerei ihrer weißen Vorfahren auch über Fakten aufzufrischen, die auszubreiten billigerweise nicht Sache einer Präsidentenrede sein kann. Diejenigen Schwarzen, so lesen wir zum Beipiel in der *International Herald Tribune*, die die abschließende Qualitätsprüfung vor ihrer Anlieferung auf den Sklavenmarkt nicht bestanden, »were fed to the sharks«[8].

Für den in Deutschland zeitweilig generalisierten Verdrängungsverdacht findet man somit hier keinen Anlass. Andererseits wird man selbst im Falle der USA, ohne deren Hilfe die freien Länder Europas ihre Freiheit in diesem Jahrhundert schwerlich hätten behaupten können und die mit diesem Ansehen und ihrer Macht insofern Vergangenheitslasten sollten leichter tragen können, nicht annehmen wollen, Einbekenntnisse historisch-politischer Sünden könnten mühelos sein. Entsprechend wusste man in Europa zu berichten, bei seiner Rede auf der Insel Goree habe sich Clinton »sichtlich unwohl« gefühlt. Vom Gastgeber habe er sich anhören müssen, »der Sklavenhandel könne vergeben, aber nicht vergessen werden«[9].

»Vergeben, aber nicht vergessen« – der Rekurs auf diese neue Redensart zur Beschreibung der amerikanisch-afrikanischen vergangenheitsdiplomatischen Interaktion auf der Insel Goree wirkt freilich wie ein Reflex deutschgeprägter erinnerungspolitischer Debatten in Europa. »L'esclavage, une histoire ignorée hors du continent africain«[10] – das könnte ja für die europäischen alten Kolonialmächte zutreffen (tatsächlich trifft es nicht zu). Aber der amerikanische Präsident betrieb mit seinen Reden in Afrika doch nicht das Verdrängen und Vergessen, vielmehr die Erinnerung. Die einbekannte und eben damit gerade nicht vergessene Sünde ist es doch, auf die man einzig mit Vergebung antworten kann. Zugleich sollte man offenlassen, ob, was erinnert und vergeben worden ist, alsdann nicht auch dem Vergessen anheimgegeben werden darf. Die Neigung, das Recht des Vergessens strikt zu verneinen, beruht auf aktuellen vergangenheitspolitischen Interessiertheiten in Europa, speziell in Deutschland. Gleichwohl sind uns lebenspraktisch die Fälle vertraut, in denen gerade der Verzicht auf die wiederholte Erinnerung an vergangenes Unrecht zu den Bedingungen gelingender menschlicher Beziehungen gehört.[11] Durch Strafverbüßung rehabilitierte Täter zum Beispiel ließen sich sonst schwerlich sozial reintegrieren. Wie auch immer: Die korrekte, nämlich lebbare Form des Entschuldigungshandelns als eines neuen Elements der Vergangenheitspolitik in den internationalen Beziehungen will erst gefunden und erprobt sein. Was hier interkulturell konsensfähig ist, lässt sich nicht a priori wissen.

Inzwischen, so scheint es, ist der Prozess der Internationalisierung vergangenheitspolitischer Entschuldigungspraxis unaufhaltsam. Längst hat er die Grenzen der christlich geprägten Kulturräume überschritten. Überall in der Welt unterliegen heute die Nachfolgestaaten der großen Gewaltregime unseres Jahrhunderts weltöffentlich der Erwartung, sich bei den Überlebenden und Hinterbliebenen ihrer Opfer zu entschuldigen. Dieser Erwartung entsprach auch der japanische Premierminister Obuchi, als er bei Gelegenheit eines Besuches des Präsidenten der Republik von Korea im Oktober 1998 »in a spirit of humility« das historische Faktum vergegenwärtigte, dass Japan, »during a certain period in the past«, dem koreanischen Volk »tremendous damage and suffering« durch seine Kolonialherrschaft bereitet habe. Der japanische Premier bekundete »his deep remorse and heartfelt apology for this fact«, und der koreanische Präsident Kim »accepted with sincerity this statement«[12]. Das war, so möchte man meinen, im internationalen Vergleich analogen verbalen Staatshandelns deutlich genug, nicht so anscheinend für deutsche Beobachter, die unbeschadet des harten Kerns des erwähnten Vorgangs (»heartfelt apology«) einem Zeitungsbericht darüber die Unterzeile »Warten auf eine Entschuldigung Tokios« beigaben.[13]

Das erzwingt die Frage, wie denn nun eine vergangenheitspolitische Entschuldigung, offiziell von einem Premierminister an ihren leibhaftig präsenten Adressaten gerichtet, nach deutscher und vielleicht auch koreanischer Erwartung auszusehen habe, um uneingeschränkt als Entschuldigung erkennbar und akzeptabel zu sein. Die Antwort lautet: Die Opfer der Aggression dürfen nicht ungenannt bleiben – also zum Beispiel die zwangsrekrutierten koreanischen »Trostfrauen«, die »in japanischen Armeebordellen als Sexsklavinnen gehalten« worden waren[14].

Man erkennt rasch, dass hier etwas nicht stimmt. Ersichtlich wird hier verwechselt, was sich in einschlägigen Forschungsberichten professioneller Historiker sagen lässt oder auch in den Aufarbeitungen von Instanzen, die für Wiedergutmachungsleistungen zuständig sind, und was in Regierungserklärungen zur Sprache kommen kann. Kurz: Die rituelle Konventionalisierung des sich international ausbreitenden Entschuldigungshandelns ist derzeit noch defizitär, und mit immer wieder einmal auffälliger Urteils- und Verhaltensunsicherheit reagieren darauf vor allem die Deutschen. Die prekären Erfahrungen solcher Unsicherheit lassen ihrerseits Ritensicherheit suchen. In religiös gebundenen Lebenszusammenhängen gibt es sie, und es liegt nahe, darauf auch politisch zurückzugreifen.

Auch Japan hat inzwischen analoge Worte offiziellen Bedauerns an die Adresse des chinesischen Nachbarn gerichtet.[15] Das offizielle China hat diese Bedauernsbekundung mit Genugtuung zur Kenntnis genommen. Ein deutscher Kommentator schilt nichtsdestoweniger Japan »Land des Leugnens«[16], während ein amerikanischer Berichterstatter sich nicht geniert fand, für die Findung angemessener Formen wechselseitiger Vergangenheitsvergegenwärtigung daran zu erinnern, dass doch die Zahl der Chinesen, die den Mordtaten der fortdauernd machthabenden Kommunistischen Partei Chinas allein bei Gelegenheit der Großen Kulturrevolution zum Opfer gefallen waren, um ein Vielfaches größer sei als die Zahl der Toten, die die japanischen Eroberer zu verantworten hätten.[17] Diesen Unterschied in der Kommentierung japanischen Bedauerns historischer Schuld darf man als charakteristisch ansehen.

Die deutsche Zivilbußfertigkeit ist inzwischen sehr ausgeprägt. Aber sie bläht sich gelegentlich sogar pharisäisch zu einigem Pflichterfüllungsstolz auf und macht geneigt, Subjekte geringer ausgeprägter Schuldbekenntnisfreudigkeit zu tadeln – die Japaner eben oder auch, immer wieder einmal, die römische Kirche. Zurückhaltend bleibt man am ehesten noch gegenüber den Nachfahren der Großtäter des kommunistischen Terrors. Allzu intensive Beschäftigung mit diesem Terror gilt eher als unzulässiger Selbstentlastungsversuch durch »Relativierung«.

Solche Asymmetrie im geschichtsmoralischen Urteil ist leicht erklärt. Die sozialistische Utopie hat in den Köpfen vieler europäischer Intellektueller den real existent gewesenen Sozialismus überlebt,[18] während die rechtstotalitären Ideologien zu einem intellektuell beachtlichen Nachleben nicht gelangt sind. Entsprechend agiert dann der Moralismus, in den sich deutsche Zivilbußtüchtigkeit umsetzt, in doppelter Weise: Mahnend ist er an die Adresse von Post-Faschisten oder Ex-Imperialisten und sonstigen Repräsentanten von Abtrittsvergangenheiten gerichtet, in der Gewissheit eigener Vorbildhaftigkeit, scheuerfüllt hingegen an die Adresse von Ex-Realsozialisten und explizit eingedenk der moralischen Irrelevanz des Vergleichs von Tötungsstatistiken.

Was nun speziell die Japaner anbetrifft, so konveniert ihre vermeintliche oder auch tatsächliche größere Zurückhaltung in der Erfüllung international angesonnener Zivilbußpflichten mit dem alten europäischen Heterostereotyp von der größeren Sorge der »Asiaten«, das Gesicht zu verlieren. Diesem Heterostereotyp entspräche dann das Selbstbild der Christen, Repräsentanten einer bußpraktisch eingeübten Kultur des Schuldbekenntniseifers zu sein. Die Experten der vergleichenden Religions- und Kulturethnologie werden den Realitätsgehalt dieser Stereotypen zu relativieren wissen. Vergegenwärtigt man sich den inzwischen erreichten Grad der Internationalität moderner Zivilbußpraxis, so liegt es nahe zu finden, dass Unvermeidlichkeit, Nutzen und Schwierigkeit von Schuldbekenntnissen – unbeschadet kulturell unterschiedlicher Ausprägung ihrer rituellen Verarbeitung – stets auch Elemente von anthropologischer Universalität enthalten.

»Es kan sich einer wol ehrloss beichten«, heißt es in einem deutschen Sprichwort.[19] Ersichtlich bedarf es ritenpraktischer Absicherungen gegen diese Gefahr, die ja

Schuldeingeständnisse, statt friedenstiftend und neu verbindend, ausgrenzend wirken ließe. Der Adressat einer Beichte darf die Gelegenheit nicht nutzen, sich über den Sündenbekenner zu erheben, und umgekehrt darf, wer bekannt hat, freudig gar, sich nicht in Äußerungen der Selbstgerechtigkeit gegenüber anderen ergehen, die sich mit Beichten schwerer tun. Die Beziehungsverhältnisse, die von öffentlichen Schuldbekenntnissen berührt werden, sind von großer Subtilität. Sie sind ausbeutbar, sie sind von Heuchelei bedroht, demütigungsträchtig und sündenstolzträchtig zugleich. Auch die neue Zivilbußpraxis, wo »frische Buße für alte Sünden«[20] getan wird, lässt das erkennen, und Ritenschwäche, die bei der Neuheit der Praxis nicht verwunderlich ist, verstärkt die erwähnten wechselseitigen Unsicherheiten.

Moralpolitisch signifikant ist im internationalen Kontext auch die Vergangenheitspolitik Russlands. Russland hat immerhin von der inzwischen untergegangenen Sowjetunion die historisch-politische Rolle der neben den USA wichtigsten Siegermacht des Zweiten Weltkriegs geerbt. Das Ausmaß der Opfer, die es für seinen Sieg bringen musste, ist historisch singulär, und beides prädisponiert naturgemäß nicht zu Selbstanklagen und politischer Bußfertigkeit. Andererseits: Russische Intellektuelle haben wie niemand sonst die Wahrheit über das Sowjetsystem in der Welt verbreitet. Erst Solschenizyns Bericht über den Archipel Gulag hat die im europäischen Westen mit Fleiß betriebene Tabuisierung des Antikommunismus definitiv degoutant werden lassen und damit auch in Frankreich Raymond Arons frühe Diagnose, Marxismus sei Opium für Intellektuelle,[21] unwidersprechlich gemacht.

Es sind also Russen, denen wir eindrucksvolle Beschreibungen des Bolschewismus aus der Perspektive seiner Opfer zu verdanken haben – über Solschenizyn hinaus zahlreiche andere Autoren großen literarischen Ranges von Michail Bulgakow über Nadeschda Mandelstam bis hin zu Wassilij Grossman. Aber wer nun dem gegenwärtigen Russland seine bolschewistische Schreckensgeschichte vorhalten wollte, bekäme doch zu hören, dass es ja, anders als Deutschland, sich seiner totalitären Diktatur schließlich selber entledigt hat. Auch das verändert innerhalb Russlands die Wahrnehmung dessen, was für die Rekonsolidierung der erschütterten Nation Vorrang beansprucht. Vergangenheitsbewältigungseifer ist in dieser Lage nicht zu erwarten, und so versteht man, dass auch im Kontext internationaler Beziehungen Russland bislang vielfältig schuldig geblieben ist, was seine aus der Sowjetunion emanzipierten Nachbarn vergangenheitspolitisch von ihm erwarten.

Unverändert weigert sich Russland, die Okkupation der baltischen Staaten in der Konsequenz des Hitler-Stalin-Paktes als einen Akt völkerrechtswidriger Annexion anzuerkennen.[22] In Estland hofft man verständlicherweise darauf, dass diese Weigerung nicht eine neue, »even more confrontational and threatening line in Russian foreign policy« repräsentiert.[23] Umso bedeutungsvoller ist es, dass auch Russland inzwischen in offizieller Bekundung Sowjetverbrechen als Verbrechen herausgestellt hat – so schon in der »Gemeinsamen russisch-polnischen Deklaration«, unterzeichnet von Jelzin und von Walesa,[24] welche »die Umstände des Verbrechens von Katyn« als »klargestellt« bezeichnet. »Die für dieses Verbrechen Verantwortlichen« würden »bestraft werden«. Das ist, in einer offiziellen Erklärung, ein klarer Ton. Ein bußfertiger Ton ist es nicht, und die Russen versäumten auch nicht, komplementär zur Aufarbeitung der Vorgänge in Katyn neu das Elend der russischen Soldaten zu vergegenwärtigen, die im Krieg der Jahre 1919 und 1920 in polnische Hände geraten waren. Das behinderte aber nicht die Verwandlung der Mordstätte von Katyn in einen christlichen Friedhof. In Gegenwart des polnischen Präsidenten und hoher russischer Regierungsvertreter wurde ein Kreuz errichtet und »Worte der Vergebung« fielen, obwohl es an einer förmlichen »Entschuldigung gefehlt« hatte, auf die sich diese Vergebung hätte beziehen können.[25] Man erkennt auch hier: Vergangenheitspolitik als Element moderner internationaler Beziehungen drängt zu formalisierten Verfahren. Eingeständnisse, Historisierung und Veröffentlichung der Forschungsergebnisse reichen nicht aus. Akte ritueller Entschuldigung werden erwartet, und es liegt in der Natur der Sache, dass diese Erwartung in Abhängigkeit von gegebenen historisch-politischen Umständen auch zur wechselseitigen Erwartung werden kann.

Zu Adressaten offizieller Entschuldigungen sind inzwischen auf mehreren Kontinenten auch übriggebliebene Ureinwohner geworden, die die Kolonisierung durch weiße Immigranten überlebt und mit bedrohter kultureller Identität überstanden haben. »The Government of Canada today formally expresses to all Aboriginal people in Canada our profound regret for past actions of the federal government which have contributed to these difficult pages in the history of our relationship together«, so heißt es in der »solemn offer of reconciliation« der kanadischen Regierung, die vom zuständigen Minister am 7. Januar 1998 bei Gelegenheit der Ankündigung eines »Aboriginal Action Plan« verkündet wurde.[26] In Australien hat sich ein *Council for Aboriginal Reconciliation* konstituiert, welches in eindrucksvoller Unwidersprechlichkeit feststellte, dass »this land was colonized without the consent of the original inhabitants«[27].

Sogar die UNO hat sich der Sache angenommen und in einer Entscheidung ihres *Committee on the Elimination of Racial Discrimination* am 18. März 1999 festgestellt, in Australien seien »discriminatory practices« über lange Zeit hin »against Australia's Aboriginal and Torres Strait Islander peoples« gerichtet gewesen.[28] Dass auch in diesem Falle »Reconciliation« überfällig sei, bestreitet in der australischen politischen Öffentlichkeit seit langem niemand. Dass der entsprechende Prozess sich nichtsdestoweniger in die Länge zieht, beruht nicht auf Divergenzen im moralischen Urteil über Unrecht, das in der Vergangenheit den Autochthonen angetan worden ist. Es beruht vielmehr auf dem Umstand, dass der längst eingeleitete Rekonziliationsprozess bereits die Form eines Streits um großräumige Landeigentumsrechte angenommen hat.[29] Indem moralische Ansprüche sich zu streitfähigen materiellen Interessen transformieren, erweisen sie ihre Irresistibilität.

Mit analogen Berichten über öffentliche Entschuldigungen als ein sich ausbreitendes Element der Vergangenheitspolitik in den internationalen Beziehungen ließe sich lange fortfahren – abermals und besonders ausführlich mit Schilderungen des Ablaufs der Staatsbesuche deutscher Präsidenten in Ländern, die unter der Besetzung durch das nationalsozialistische Deutschland besonders zu leiden hatten.[30] Berichten könnte man von der Bedauernsbekundung des tschechischen Präsidenten, die Vertreibung der Deutschen aus Böhmen betreffend,[31] schließlich auch von der Entschuldigung des Schweizer Bundesrats für die zeitweilige Praxis diskriminierender Abstempelung der Pässe deutscher Juden.[32] Das erübrigt sich hier. Die Praxis ist neu und breitet sich aus. Sie bedarf der Erläuterung.

II.
Vergebungsbitten – nicht Diplomatie, sondern Zivilreligion

»Entschuldigung« ist dem Völkerrechtler als eine der »Formen der Wiedergutmachung« vertraut, die in diplomatisch korrekt abgewickelten Verfahren der Beilegung von Krisen internationaler Beziehung dienen, die durch Rechtsverstöße entstanden sind. Sind durch diese Rechtsverstöße überdies materielle Schäden entstanden, so gehört selbstverständlich auch der materielle Ausgleich dieser Schäden zu den »Formen der Wiedergutmachung«. Ein »Protest« oder wenigstens eine »Rechtsverwahrung« mag dabei vom geschädigten Beziehungspartner vorausgegangen sein. »Entschuldigungen« oder auch »Geldbußen« antworten darauf mit streitbeilegender Wirkung.[33]

Es ist evident, dass es sich um dergleichen diplomatische Förmlichkeiten bei der hier thematisierten neuen vergangenheitspolitischen Entschuldigungspraxis nicht handelt. Protestanlässe und die ihnen diplomatisch korrespondierenden Entschuldigungen haben ihren temporalen Ort in einer jeweiligen Gegenwart mit einem Vergangenheitshorizont von relativ geringer chronologischer Tiefe. Man bezieht sich auf Ereignisse, mit denen, metonymisch gesprochen, die Historiker sich noch nicht professionell historiographisch, sondern allenfalls in der

Nebenrolle von Publizisten zu befassen pflegen. Das ist beim vergangenheitspolitischen Entschuldigungshandeln anders. Man bezieht sich auf Vergangenheiten, die nicht vergehen wollen,[34] und sei es, wie bei der vom amerikanischen Präsidenten bußbereit thematisierten Sklavenfängerei, über ein Vierteljahrtausend hinweg. Demgegenüber, gewiss, liegt der Holokaust, in welchem die Führung der Nationalsozialistischen Deutschen Arbeiterpartei ideologiekonsequent und ankündigungsgemäß »die jüdische Rasse in Europa«[35] vernichten wollte, weniger als sechs Jahrzehnte zurück. Nichtsdestoweniger handelt es sich um ein uneingeschränkt historisiertes politisches Großverbrechen, dessen vergangenheitspolitische Aufdringlichkeit mit dem Grad seiner Historisierung und damit zugleich mit seinem wachsenden chronologischen Abstand von der Gegenwart zugenommen hat – nicht nur in Deutschland[36], sondern zum Beispiel auch in den USA[37]. Überdies schließt auch die Größenordnung der handlungsbewirkten Menschheitskatastrophen, auf die sich die fraglichen vergangenheitspolitischen Entschuldigungs- und Vergebungsbitten beziehen, den Gedanken aus, es handele sich dabei um Ereignisse, auf die man sich mit diplomatischen »Protesten« und den üblichen diplomatischen Formen ihrer Beantwortung beziehen könnte.

Dem entspricht dann auch der Rang der Persönlichkeiten, die einzig als Entschuldigungsleister in Frage kommen. Nicht politische Direktoren, Botschafter oder sonstige Geschäftsträger gelten in den internationalen Beziehungen als entschuldigungskompetent, vielmehr exklusiv Minister, Regierungschefs oder Staatspräsidenten. Den Unterschied aber macht vor allem die religiöse, näherhin zivilreligiöse Konnotation, die sich mit der hier thematisierten Vergangenheitspolitik verbindet. Zur diplomatischen Mission außenministerieller Fachbeamter gehören nicht Bitten um göttlichen Segen. Die »Vergebung«, die uns doch in anspruchsvollerer Bedeutung aus der Gebetssprache vertraut ist, lässt sich eben deswegen als Vokabel in diplomatischen Korrespondenzen nicht verwenden.

Kurz: Das neue vergangenheitspolitische Entschuldigungshandeln ist als elargierte konventionelle diplomatische Aktion nicht zu denken. Die größere Ritensicherheit, die in der Diplomatie dafür sorgt, dass der verbale und verhaltenspraktische Auftritt der Akteure im Regelfalle verlegenheitsfrei bleibt, könnte auch für das vergangenheitspolitische Entschuldigungshandeln, das immer wieder einmal missglückt, von Vorteil sein. Andererseits hat die traditionelle Diplomatie im Zeitalter unbegrenzter Politikermobilität »viel von ihrem Glanz« verloren, und wo sie uns doch einmal anrührt, tut sie es eher wie »ein Hauch des 18. Jahrhunderts«[38]. Demgegenüber ist das neue Entschuldigungshandeln, mag es uns nun überzeugen, ja bewegen oder auch gelegentlich peinlich berühren, eine rituell noch keineswegs durchgeformte Art, sich zu politischen Koexistenzpartnern national und international in Beziehung zu setzen, und zwar in Angelegenheiten von außerordentlichem moralischen Anspruch. Entsprechend ist man besser beraten, sich durch das fragliche Entschuldigungshandeln an die religiöse Bußpraxis erinnern zu lassen. Dabei ist es nicht nötig, diese Erinnerung hier auszubreiten. Jeder Kirchgänger weiß, worum es sich handelt, und die Lektüre einiger weniger Katechismusseiten frischt gegebenenfalls die Erinnerung auf.³⁹

Nach ihrem institutionellen und kulturellen Ort repräsentiert aber die vergangenheitspolitische Vergebungsbitte nicht ein kircheninternes und damit kirchlich diszipliniertes Handeln, vielmehr »Zivilreligion«. Bei Theologen löst dieser Terminus, nämlich in Europa, immer wieder einmal Unbehagen aus – bis hin zur Expression theologischen Abscheus gegenüber einem orientierungspraktischen Anspruch mit Zumutungscharakter, unter welchem deutsche Soldaten im Zweiten Weltkrieg »bis nach Stalingrad gejagt« worden seien.⁴⁰ Das ist Polemik. Der Sache nach ist »Zivilreligion« ein international üblich gewordener Begriff zur Beschreibung von manifesten Beständen religiöser Kultur, die gewiss nicht ohne die Präsenz von Kirchen in dieser Kultur verständlich wären. Unbeschadet ihres unzweifelhaft religiösen Charakters unterliegen sie aber keineswegs kirchlicher Disposition, vielmehr bedienen sich ihrer die öffentlichen Institutionen und deren Repräsentanten selbstbestimmt und im eigenen Namen.⁴¹

Die Anrufung Gottes in vielen europäischen Verfassungen, die religiösen Beteuerungen in Eidesformeln, die gesetzliche Verpflichtung von Lehrern auf die Erziehung der Kinder zur Ehrfurcht vor Gott – das sind Bestände der definierten zivilreligiösen Sorte. Ob man diese Bestände nun schätzt oder auch nicht, ob man, wie der Laizismus antiklerikaler Prägung, die Öffentlichkeit von diesen Beständen lieber gereinigt sähe, ob man sie, liberal, als Erinnerungen an christliche Herkünfte unserer Gegenwartskultur festhalten möchte oder ob man sie, mit Wirkungen der Klerikalisierung religiöser Kultur neu unter die Observanz bestellter Glaubenshüter zurückzwingen möchte – es gibt nun einmal diese Bestände, bei spärlicher Präsenz in Frankreich breitenwirksam in den USA, und man möchte sie sammeln und kategorial ordnen können. Das ist es, was der Begriff der Zivilreligion leistet.

Unübersehbar ist es Zivilreligion im charakterisierten Sinn, wenn der Präsident der Vereinigten Staaten von Amerika in Afrika seine Entschuldigung für die Sklavenfängerei der europäisch-amerikanischen Vorfahren der heutigen Bürgerschaft seines Landes mit der Bitte um Gottes Segen verknüpft. Einzig Ohren, die religiöse Grundtöne zu hören nicht geübt sind, mögen den zivilreligiösen Status des Anspruchs verkennen, der sich mit der Wahl des Wortes »Vergebung« bei einer deutschen Präsidentenrede in Warschau verbindet.

Die größere Dichte zivilreligiöser Elemente in der amerikanischen Öffentlichkeit und näherhin auch in der amerikanischen Vergangenheitspolitik ist unübersehbar, und sie ist historisch erklärbar. Sie ist, zusammenfassend gesagt, eine Konsequenz der gerade nicht laizistisch, gar antiklerikal, vielmehr religionsbegünstigend gemeinten strikten Trennung von Staat und Religion in den USA von Anfang an. Der Rückzug religiöser Kultur in kircheninterne Öffentlichkeiten, die Tendenz also einer Klerikalisierung der Religion und damit der Säkularisierung des öffentlichen Lebens jenseits der Grenzen religiöser Gemeinschaften sind in den USA weniger ausgeprägt.[42] Was speziell Präsident Clinton anbetrifft, so stand er bei Repräsentanten des amerikanischen *National*

Council of Churches im Ansehen, entschiedener als seine Amtsvorgänger für die religiösen Aspekte des öffentlichen Lebens offen zu sein: »Not in thirty years had the liberal Protestants been so warmly received in the White House.«[43] Das ist hier nicht im Detail auszubreiten. Es genügt, auf die hier stärker, dort schwächer ausgeprägten zivilreligiösen Elemente im nationalen und internationalen vergangenheitspolitischen Entschuldigungshandeln aufmerksam geworden zu sein.

Dazu fügt sich auch die kircheneigene Vergangenheitspolitik – und sei es in den schlichten Worten eines Franziskanerpaters zu Boa Vista, der daran erinnert, dass in vorkolumbianischer Zeit in der Region des heutigen Brasilien nach begründeten Annahmen mehr als fünf Millionen Ureinwohner gelebt hätten, heute indessen innerhalb ihrer Urkultur nur noch weniger als hunderttausend. Entsprechend bittet der Pater für die katholische Mission »um Verzeihung«, wo sie mitverantwortlich für die Leiden der Indianer war. Analog richtete sich sogar die brasilianische Bischofskonferenz an alle Bewohner des Landes und stellte fest, »die brasilianische Regierung und die katholische Kirche in Brasilien« hätten »in der 500-jährigen Geschichte der Evangelisierung viel Schuld auf sich geladen im Umgang« mit den Ureinwohnern. Jetzt werden diese Ureinwohner verbal zu »Indianernationen« ernannt.[44]

Gesamtkirchlich, nämlich für die römische Weltkirche, soll nach dem Willen des Papstes auch das neuerlich ausgerufene »Heilige Jahr« nicht nur gemäß dem Sinn der Veranstaltung für die Gläubigen Bußgelegenheit bieten. Auch den Dienern der Kirche selbst ist das »Eingestehen des Versagens von gestern« als ein »Akt der Aufrichtigkeit und des Mutes« nahegelegt.[45]

Am 12. März, einem »historischen Tag« im großen Jubiläumsjahr 2000[46], war es dann Johannes Paul II. selbst, der für die Kirche und ihre Gläubigen, generell für die Christen, um Verzeihung für die Sünden der Vergangenheit bat und sich zugleich zur Verantwortung der Christen für Übel der Gegenwart bekannte. Schuld der Christen an den Leiden der Juden bis hin zur Shoah wird übernommen, die Mitschuld derer, die die Einheit der Kirche zu wahren gehabt hätten, wird eingestanden, desgleichen die Sünden der Kreuzzugsgreuel und der Inquisition, der Unterwerfung und Zwangsmissionierung der Indios. Auch spektakulärer Einzeltaten, die in ihrer langen Nachwirkung nicht zuletzt die Kirche selber geschädigt haben, wird gedacht – von der Verbrennung Giordano Brunos bis hin zum Versuch einer Festschreibung naturwissenschaftlicher Hypothesen als Wirklichkeitsannahmen, die nicht wahr sein können, im Galilei-Prozess.[47]

Selbstverständlich kann man die päpstliche Vergebungsbitte nicht in die Reihe der hier exemplarisch aufgelisteten Zivilbußvorgänge stellen. Was sich am 12. März 2000 in Rom in der Peterskirche ereignete, war kein Akt der Zivilreligion, keine politische Manifestation sozial diffundierter religiöser Kultur. Hier sprach die Kirche in der Person ihres irdischen päpstlichen Hauptes selbst – in einem rituellen Akt eigener Disziplin an gehörigem Ort und zu gehöriger Stunde und theologisch wohlberaten.

Dennoch kommt man nicht umhin, sich auf die

päpstliche Bitte um Vergebung auch in einem Bericht über die neue politische Zivilbußpraxis zu beziehen. Der römische Akt hatte ja, publizistisch betrachtet, eine spektakuläre Wirkung. Die mediale Aufmerksamkeit, die er fand, war überraschend. Ein Grund dafür liegt in der aktuell weltweit verbreiteten Zivilbußpraxis, durch die inzwischen öffentliche Schuldbekenntnisse zum Medium der Glaubwürdigkeitsfestigung avanciert sind. Dem Druck entsprechender Erwartung, so scheint es, kann sich auch die Kirche nicht entziehen. Ein zweiter Grund sind Nachwirkungen der großen Tradition der Kirchenfeindschaft, die in den totalitären Bewegungen des 20. Jahrhunderts ihr Intensitätsmaximum erreichte. Wer der Kirche ihre historischen Sünden vorhält, sagt insofern von der Ketzerverfolgung bis zur Hexenverbrennung Wohlbekanntes und Altbekanntes. Und umso gespannter hört die Weltöffentlichkeit zu, wie sich ankündigungsgemäß dazu der Papst wohl äußern wird.

Für die Gegner der Kirche fiel, was Johannes Paul II. sagte, erwartungsgemäß, nämlich enttäuschend aus. Seine »Nomenclatura« habe »das radikale Geständnis kirchlicher Mitschuld am Zustand der Welt« verhindert. Der Versuch, mittels eines Schuldeingeständnisses »historischen Ballast abzuwerfen«, sei somit unzulänglich geblieben. Immerhin: Das »Mea culpa« in der Holokaust-Gedenkstätte, die der Papst bei seiner Israel-Reise in Jerusalem aufgesucht hatte, habe »das endgültige Ende der Feindschaft der katholischen Kirche gegenüber jenem Volk, aus dem ihr eigener Gründer stammt«, besiegelt.[48]

Die vom SPIEGEL gewählte Metaphorik zur Beschreibung des Sinns der päpstlichen Vergebungsbitte insinuiert, man habe das Selbstbehauptungsstrategem einer moralisch bedrängten Institution durchschaut. Unversehens trifft sie aber den Kern der Sache: Um einbekannte Schuld ist man erleichtert. Wäre das nicht so, dann gäbe es keine Geständnisse, und Beichten fänden nicht statt. Auch die neue Zivilbußpraxis gäbe es nicht. Was man bekannt hat, soll einem doch unbeschadet der Sanktionen, die nun wirksam werden, nicht mehr vorgehalten werden können. Entsprechend muss, wem es gerade um dieses Vorhaltenkönnen zu tun ist, die moralische Zulänglichkeit des Einbekenntnisses bezweifeln. Der päpstlichen Bitte um Vergebung sei nach der gehörigen Ordnung der Dinge ein »Geständnis« vorausgegangen, aber leider kein »radikales«, dekretiert entsprechend das zitierte Nachrichtenmagazin und nennt auch ein Kriterium für einzig akzeptablen Beichtradikalismus: Verzicht auf »Macht« und im institutionellen Lebenszusammenhang somit Selbstaufgabe.

Ersichtlich wird damit die öffentliche Bitte um Vergebung mit einem strafprozessualen Schuldeingeständnis verwechselt, das bei schweren Verbrechen mit Verurteilung zu schweren Strafen, zu Amtsverlust, ja bei Kollektivtäterschaften zur Liquidation der in lauter Untaten verstrickten Organisation führt. Indessen: Sowohl im päpstlichen Fall wie bei den prominenten Zivilbüßern wird ja gerade nicht auf Sünden und Verbrechen rekurriert, die man noch vor ein Tribunal bringen könnte. Es müsste schon auf das Jüngste Gericht hoffen, wer auf eine definitive prozessuale Erledigung der endlosen Reihe der großen Menschheitsverbrechen von den Christenverfolgungen über die Aktionen zur Vernichtung der Ketzerei bis hin zum nationalsozialistischen und internationalsozialistischen Holokaust Wert legen möchte. Die Opfer sind tot, die Täter zumeist auch, und selbst in den aktuellen Fällen von Menschheitsverbrechen steht, was sich zu ihrer prozessualen Abwicklung vor dem inzwischen errichteten internationalen Strafgerichtshof tun lässt, in einem unaufhebbaren Missverhältnis zum Ausmaß der Greuel, von denen wir Kenntnis haben. Um materiell wiedergutmachungsfähige Schuld handelt es sich in den allermeisten Fällen ohnehin nicht.

In der Summe heißt das: Wir blicken auf eine irreversible Geschichte menschlicher Untaten zurück, und der dauerhafte Ertrag der päpstlichen wie der politisch-zivilbußpraktischen Vergegenwärtigung dieser Untaten scheint die wirksame Errichtung des Verbots zu sein, diese Untaten im Nachhinein mit Rekurs auf ihre vermeintlich höheren Zwecke zu legitimieren. Auf solche höheren Zwecke muss sich aber tatsächlich beziehen, wer rückblickend verstehen möchte, was wirklich geschehen ist – von der tätigen Sorge für die Integrität des heilschaffenden Glaubens im Kampf gegen die Häresie bis hin zu den großen Menschheitsreinigungswerken zur Vorbereitung auf den Einzug in die jeweils geschichtsphilosophisch verheißene Epoche des vollendeten Fortschritts. Auch die Vergangenheitsvergegenwärtigung im Schuldeingeständnis unterliegt der Forderung der Gerechtigkeit. Die wichtigste Voraussetzung für die Erfüllung dieser Gerechtigkeitsforderung ist die Historisierung, das heißt das Bemühen festzustellen, wie es denn wirklich gewesen ist.[49]

Historisieren, so weiß die Kirche, kann auch Relativieren bedeuten, und auch die Zivilbußpraxis ist bekanntlich immer wieder einmal von der Furcht der Relativierung durch Historisierung bewegt. Katholische Theologen pflegen sich dagegen durch Rekurs aufs Naturrecht abzusichern. Leider ist der Begriff des Naturrechts selber mit einer großen und historisierungsbedürftigen Geschichte befrachtet. Nichtsdestoweniger lässt sich der relativierungsresistente Gehalt politischer Untaten, die der Zivilbuße bedürfen, ohne Gelehrsamkeitsaufwand common-sense-fähig machen – vom massenhaften Bruch elementarer und lebensnotwendiger Rechte durch Exilierung und Vertreibung über die Zerstörung nachbarschaftlicher und familiärer Vertrauensverhältnisse durch Verdächtigung und Spitzelei bis hin zur Zuordnung von Personen über indisponible Eigenschaften zu Gruppen, die als solche kraft höheren ideologischen Wissens als liquidationsbedürftig identifiziert sind. Den Exekutoren der entsprechend fälligen Maßnahmen konnten ja die Leiden, die sie den Opfern ihrer Taten zu bereiten hatten, nie zweifelhaft sein. Aber sie waren der höheren Zwecke gewiss, die diese Leiden ideologisch unvermeidbar machten.

Die neue Zivilbußpraxis entzieht der Menschheitsgeschichte die mannigfachen Schleier der Leidensrechtfertigung. Sie trivialisiert die Vergangenheit durch Vergegenwärtigung der Leidensgeschichten, die sich durch Rekurse auf historisierungsfähige Tätermotive nicht relativieren lassen. Trivialisierung – das ist nicht Banalisierung, vielmehr Fundamentalisierung durch Erinnerung an die Leidensfolgen von Taten, über deren Untatencharakter die Täter sich täuschen konnten, nicht aber die Opfer.⁵⁰

Unverkennbar ist die global sich ausbreitende vergangenheitspolitische Entschuldigungspraxis, als Zivilbuße, herkunftskulturell christlich geprägt. Ihrer Universalisierbarkeit steht das nicht entgegen. Mit »westlichem Kulturimperialismus« hat das im Kern der Sache nichts zu tun. Es gibt keine Regionalkultur, die nicht in Beantwortung der existentiellen Frage, was es heißt zu sein, interkulturell verständliche, ja innerhalb ungewisser Grenzen verbreitungsfähige Antworten von anthropologisch universeller Bedeutung gefunden hätte. Die Erklärung der Menschenrechte, gewiss, ist ein Ereignis im historischen Kontext der Französischen Revolution, und die älteren *Bills of Right* amerikanischer Staaten hatten dafür das Vorbild geboten. Gleichwohl: Die westliche Zivilisation ist in ihrer erwiesenen Fähigkeit zur Findung universell anerkennungsfähiger Rechtsregeln keine historische Singularität. Entsprechend ist es unvermeidlich, dass im Kontext global sich verstärkender Regionalisierung die politischen Repräsentanten nicht-westlicher Kulturen immer wieder einmal selbstbewusst Ermahnungen westlicher Menschenrechtsmissionare zurückweisen.

In der Tat darf man offenlassen, ob die harte Prügelstrafe, zu der in Singapur ein amerikanischer Jugendlicher verurteilt wurde, der sich als Autolackzerkratzer betätigt hatte, als Menschenrechtsfrage traktiert werden sollte. Für die ungleich schwerwiegendere Kapitalstrafenpraxis in den USA mag Analoges gelten. Nichtsdestoweniger haben sich Menschenrechte mit dem Status völkerrechtlich verbindlicher Geltung irresistibel ausgebreitet – von der Allgemeinen Erklärung der Menschenrechte durch die Vereinten Nationen nach dem Ende des Zweiten Weltkriegs bis hin zum Übereinkommen zur Beseitigung jeder Form von Diskriminierung der Frau aus dem Jahre 1980. Der letztinstanzliche Grund dafür ist nicht westliche Inspiration, vielmehr die zwingende Pragmatik der Unentbehrlichkeit von Regeln, die in einem Prozess regional und sozial expandierender wechselseitiger zivilisatorischer Abhängigkeiten die politische Koexistenz von Herkunftsverschiedenen möglich machen. Die neue Praxis öffentlicher vergangenheitspolitischer Schuldeingeständnisse fügt sich dazu. Es ist menschlich und nicht regionalkulturspezifisch, dass die Bekundung guten Willens durch ein Bekenntnis früherer Verstöße wider das, was der gute Wille gebietet, an Glaubwürdigkeit gewinnen kann.[51]

Als Zivilbuße im erläuterten Sinn fügt sich die neue vergangenheitspolitische Entschuldigungspraxis auch zu jener progressiven Moralisierung, die sich mit der Ausbreitung der modernen Zivilisation verbindet. Konservative Kulturkritik neigt eher dazu, Moralverfall zu beklagen. Tatsächlich fehlt es zu keiner Zeit an Beständen, die zu dieser Klage Anlass geben, und für unsere eigene Gegenwart gilt das in wohlbestimmter Hinsicht erst recht. Das letzte Jahrhundert des zweiten Jahrtausends wird kommenden Jahrhunderten als eine Epoche historisch singulärer politischer Massenverbrechen in Erinnerung bleiben. Regelmäßig handelte es sich dabei um Aktionen, die sich ideologisch als Menschheitsreinigungswerke legitimierten, die in der Endzeit der Vorgeschichte einer besseren Menschheitszukunft leider unvermeidlich seien.

Was heißt da Moralisierung, die für die moderne Zivilisation charakteristisch sei, so wird man fragen. Ist nicht das genaue Gegenteil manifest? Diese Frage verlangt eine doppelte Anwort: Zunächst hat man sich an die traditonsreiche Lehre zu erinnern, dass geltende Moral sich nicht am tatsächlichen Verhalten der Menschen ablesen lässt, vielmehr einzig an ihrer bekundeten Meinung darüber, was moralisch geboten und erlaubt und verboten sei. Weil das so ist, kann sich gerade ein elender moralischer Zustand in allerlei Formen anspruchsvoller Bekundung der geltenden Moral spiegeln. Anders gesagt: Moralisten finden gerade in üblen Zeiten reichlich Gelegenheit für ihre Auftritte.

So ist es also immer. Spezifisch modern, näherhin aufklärungsabhängig, ist aber das kompliziertere Faktum, dass die politische Absicht einer definitiven Moralisierung der Menschheit im Totalitarismus und schon in seiner jungen Vorgeschichte Menschheitsverbrechen ausgelöst hat.[52] »Uns ist alles erlaubt« – so heißt das in der Sprache der *Tscheka*, die, was auf den ersten Blick wie eine Expression vollendeter moralischer Dekadenz erscheint, hypermoralisch folgendermaßen zu legitimieren wusste: »Unsere Humanität ist absolut«, denn »wir erheben zum ersten Mal in der Welt das Schwert ... im Namen der allgemeinen Freiheit und der Befreiung von aller Sklaverei«[53]. Man erkennt an dieser Figur der Selbstlegitimation zur Gewalt spontan, dass der Vorgang modernitätsspezifischer Moralisierung der Politik nicht eo ipso ein menschenfreundlicher Vorgang ist, und mit der religiösen Aufladung politisierter Moral[54] steigert sich noch deren Gewaltpotential.

Das bedeutet: Die Auseinandersetzung mit dem Verhängnischarakter politisierter Moral ist ein zentrales Element aktueller Moralisierung des öffentlichen Lebens bis in die hier thematisierte Zivilbußpraxis hinein, in der sich ja nicht zuletzt die Repräsentanten nach-totalitär demokratisierter Staaten auf Großverbrechen beziehen, deren Befehlsgeber Subjekte eines ideologisch formierten Bewusstseins von tatentschlossenen »Idealisten« waren – um es mit diesem treuherzigen Wort aus der Sprache der ersten deutschen Jugendbewegung zu sagen. »Traurigkeit«, so fand bereits Kant in seiner Scharfsicht für die motivationalen Voraussetzungen des Terrors der Französischen Revolution, stelle sich im Anblick jener Übel ein, welche die Menschen gerade in der »Verfolgung« ihrer »für wichtig und groß gehaltenen« Zwecke einander bereiten.[55]

In ihrem produktiven und zustimmungsfähigen Aspekt ist die progressiv verlaufende Moralisierung unserer Lebenspraxis, öffentlich wie privat, eine Antwort auf die Herausforderungen von Freiheitsgewinnen. Mit steigender Wohlfahrt, einschließlich ihrer ökonomischen, technischen, rechtlichen und bildungspraktischen Voraussetzungen, expandieren unsere Interaktions und Dispositionsspielräume, und selbstbestimmt wollen sie genutzt sein. Moral aber ist das Insgesamt der Regeln lebensdienlicher Selbstbestimmung. Je freier wir leben, umso nötiger wird die Moral, und kraft der Evidenz ihrer Zweckmäßigkeit, die sich aus den Folgen ihrer Missachtung ergibt, wird ihren Regeln auch nachgelebt, und das gemeinhin und massenhaft. Es verschärfen sich sogar die sozialen Kontrollen, die das erzwingen – vom harten öffentlichen Aburteil über Verstöße wider die Regeln des Umgangs mit Behinderten über das herrschende Öko-Ethos bis hin zu massiven Positionsverschlechterungen in Berufskarriere oder bei der Partnersuche, die wir zu gewärtigen haben, wo wir grob und dauerhaft gegen wohlbekannte gesundheitskulturelle Pflichten gegen uns selbst verstoßen.

Zugleich wird evident, dass gute Moral in der modernen Welt wie nie zuvor auch ein ökonomischer Faktor ersten Ranges ist. Kein Sozialversicherungssystem wäre noch in der Lage, die rasch expandierenden Kosten moderner medizinischer Versorgung aufzubringen, wenn die Bürger den weitaus überwiegenden Teil der Gesundheitsvorsorge nicht im Rahmen lebensdienlicher Lebensführung selber leisteten. Die Tugend des sparsamen Umgangs mit Ressourcen, die knapp sind, Ökonomie also, prägt heute das Verhalten der Bürger von den Eigenheimbesitzern bis zu den Kleinkapitaleignern und macht entwicklungsdienlichen Kapitalexport möglich. Die Verhaltenstugenden im Umgang mit Fremden, die zu rasch wachsenden Bevölkerungsanteilen unter uns leben oder als die wir selber anderswo unter Anderen existieren, werden in modernen Gesellschaften gemeinhin sicher beherrscht. Eben deswegen wirkt die grobe Verletzung einschlägiger Verhaltensgebote spektakulär und wird öffentlich entsprechend kommentiert.

Damit ist zugleich die andere Seite der Sache erwähnt: Je anspruchsvoller die Moral wird, an der wir uns in moderner, das heißt freier und somit selbstbestimmter Lebensführung zu orientieren haben, umso wahrscheinlicher werden zugleich Fälle manifester Selbstbestimmungsinkompetenz. Das Schlagwort »Modernisierungsopfer« meint diese Fälle, und weil es sie tatsächlich gibt, ist komplementär zur Diagnose der progressiven Moralisierung die traditionelle Klage über Moralverfall modernitätsspezifisch gleichfalls begründet.[56] So oder so: Die modernitätsabhängig erzwungene Moralisierung unserer Lebenspraxis hat bis in die Politik hinein etliche prekäre Hintergründe und Konsequenzen. Auch in der hier thematisierten neuen Zivilbußpraxis spiegelt sich das, und davon soll im Folgenden die Rede sein.

# III.
Zivilbußtarife

Entschuldigungen, sofern sie angenommen werden, heilen eine schuldhaft verletzte Beziehung. Sie versöhnen und kräftigen so Gemeinschaft in dieser Beziehung. Zum Schuldeingeständnis gehört Bußbereitschaft, und erst die büßend tätige Reue schafft Satisfaktion. Bei der Last, die der Büßer zu übernehmen hat, sollte es sich natürlich nicht um ausgedachte, lebensfremde Erschwernisse handeln, die die ohnehin überreichlich präsenten Übel dieser Welt lediglich vermehren würden, vielmehr, nach den wohlbegründeten Worten einer Theologin, um die bereitwillig übernommenen, »mit der Sünde bereits gegebenen Folgen« des schuldhaften Handelns, nämlich in der Absicht, diese Folgen, »soweit dies möglich ist, zu beheben«[57]. Um Wiedergutmachung handelt es sich also – gegebenenfalls bis hin zu den in geordneten Verhältnissen ohnehin unausweichlichen zivilrechtlichen Schadensersatzleistungen. Die Bußpragmatik, bei der für den handlungsfähigen Büßer über Gewissenserforschung und Reue hinaus auch Leistungen der Wiedergutmachung zu den Voraussetzungen der Absolution gehören, ist nach der humanen und sozialen Natur der Sache derart bezwingend, dass sie sich selbstverständlich auch in der neuen vergangenheitspolitischen Zivilbußpraxis zur Geltung bringt. Schuldausgleich als tätige Konsequenz der Reue kann freilich in seinem materiellen Aspekt sehr teuer werden, so dass übernommene Folgen bereuter Tat schließlich des Sünders »weiteres Leben grundsätzlich unter das Vorzeichen der Buße stellen«[58].

Das musste auch der Zivilbüßer Clinton nach seiner erwähnten Afrika-Reise erfahren. Der rituellen Ordnung einer jeden gehörigen Buße gemäß hatte der Präsident der USA nach seiner bedauernden Erinnerung an den Sklavenhandel und nach seinem Einbekenntnis »we were wrong in that« zum Ausgleich auch mannigfache pekuniäre Hilfsleistungen angekündigt – neben vielen anderen auch diese: »In the next two years we propose to spend over 60 million dollars in Uganda, Mali, Malawi, Mozambique and Ethiopia to increase food production, enhance marketing, expand agriculture trade and investment.«[59] Man darf annehmen, dass dieses Anerbieten überwiegend mit Genugtuung aufgenommen worden ist. Aber nicht überall geschah das so. *The African World Reparation and Repatriation Truth Commission* hatte andere Vorstellungen von den quantitativen Dimensionen genugtuender Buße. Nach einer Sitzung in Accra entschied die Kommission, dass die ehemaligen Sklavenhalter und Kolonisatoren gesamthaft »777 trillion dollars in reparation for enslavement« zu entrichten hätten.[60]

Als darüber auch die Zeitungen in Europa berichteten und eine Entschädigungsforderung von »777 Billionen Dollar« notierten,[61] stutzte man und war geneigt, hier eine Verwechslung amerikanischer und deutscher Billionen zu vermuten, immerhin ein Unterschied um den

Faktor 1000. Aber im englischsprachigen Original verlangt die *Accra Declaration* buchstäblich die zitierte Summe – »achieved by the 2004«. Es ist leicht auszurechnen, dass eine Bußleistung in dieser Höhe die USA alsbald und für lange Dauer in den wirtschaftlichen Untergang treiben müsste, und nicht einmal der Umstand, dass sich die Forderungen der *Accra Declaration* in großzügiger Kennzeichnung des Adressaten auch an »Western Europe« richteten, wäre geeignet, das abzuwenden. Ironische Reaktionen auf diesen Vorgang wären wohlfeil, und auch mit Expressionen der Lachhaftigkeit der erhobenen Forderungen sollte man sich zurückhalten. Es waren ja nicht Völkerrechtssubjekte, die sich damit in die Weltöffentlichkeit getraut haben. Die afrikanischen Staaten, die Clinton besucht hatte, hielten sich in dieser Angelegenheit an die Üblichkeiten internationaler Beziehungen, und ihre Regierungen wussten natürlich, dass die Aussichten auf den Empfang der angekündigten amerikanischen Hilfsgelder sich drastisch verringern müssten, wenn man versuchen würde, ihre Höhe über vergangenheitspolitische Aktionen zur Vertiefung westlicher Schuldgefühle hinaufzutreiben.

Von Interesse sind die grundsätzlichen Aspekte der Angelegenheit: Wer vergangene Untaten reumütig bekundet, erniedrigt sich. Erst das macht ihn zum Empfänger der Verheißung seiner Erhöhung. Einzig das ist es auch, was ihn in der engverbundenen Kommunität von Frommen vor den sonst unvermeidlichen Folgen sozialer Geltungsverluste durch öffentliche Schuldeingeständnisse schützt, ja ihm die Zusatzgeltung des guten Willens verschafft, in den sich das schlechte Gewissen verwandelt, wenn es bereut. Man erkennt die Subtilität der Moral, die in einer Kommunität herrschen muss, sollen die Schuldeingeständnisse Einzelner zum Gewinn aller in dieser Gemeinschaft werden können, nämlich über die entsprechend bekräftigte Geltung gemeinschaftlich anerkannter Moral. Die Chance, dass das gelingt, verringert sich, wenn die sozialen Distanzen zwischen den Partnern kommunikativer Beziehungen sich vergrößern und wenn überdies die Komplexität dieser Beziehungen zunimmt. Nach dieser einfachen Regel hat sich schon in der alten Kirche, wie unsere Kirchenhistoriker berichten, der Rigorismus in der Zumutung öffentlichen Sündenbekenntnisses nicht durchhalten lassen.[62] Die Erfahrung war, dass ehrliche öffentliche Reue den sozialen Stand des Büßers in der Gemeinde verschlechterte und dass komplementär dazu die Beichtvermeidungssünde der Heuchelei häufiger wurde.

Auf die vergangenheitspolitische Praxis der Zivilbuße übertragen heißt das: Das öffentlich bekundete schlechte Gewissen evoziert die Geneigtheit, es auszubeuten, und die Bußfertigkeit wird progressiv verlaufenden Tests der Zahlungsbereitschaft unterworfen. Die »777 trillion dollars« von Accra stehen dafür und belegen zugleich die destruktiven Wirkungen einer Moralisierung der Vergangenheitspolitik in den internationalen Beziehungen, die Forderungen, frei von aller Bindung an die Verfahrenspositivitäten des Obligationenrechts, auf die hienieden ewig fortdauernde Unverhältnismäßigkeit von menschlicher Schuld einerseits und menschlicher Sühne andererseits gründet. Ein freundlicher Kommentar könnte lauten: Gerade weil, was Menschen entschädi-

gungshalber leisten können, prinzipiell nicht geeignet ist, die Menschen für ihre historisch erwiesene Schuld zu entsühnen, sind die »777 trillion dollars« von Accra ihrer Absurdität wegen ein adäquater symbolischer Ausdruck unaufhebbarer Inkoinzidenz von Schuld und Sühne.
Dennoch steht der afrikanische Vorgang, der durch Clintons weltweit beachtete Zivilbußleistung ausgelöst wurde, auch für Entwicklungen, die sich für die internationalen Beziehungen fortdauernd als produktiv erweisen könnten. Der Vorgang macht nämlich eindrucksvoll Tendenzen der Universalisierung der vergangenheitspolitischen Aspekte in den internationalen Beziehungen sichtbar. Naheliegenderweise waren es ja nach den politischen Großkatastrophen des 20. Jahrhunderts in ihrer Täterrolle zunächst die Verlierernationen, die für ihre Untaten einzustehen hatten. Naheliegenderweise waren es somit nach dem Ende des Zweiten Weltkriegs zunächst die Deutschen, die sich öffentlich für die Untaten der Diktatur der Nationalsozialistischen Deutschen Arbeiterpartei zu verantworten hatten. Sie taten das auch – anders als die erklärungsbedürftige Verdrängungslegende es wissen will. Die Intensität in der Vergegenwärtigung schlimmer Vergangenheit nahm dabei plausiblerweise mit dem chronologischen Abstand von dieser Vergangenheit zu. Auch an materiellen Wiedergutmachungsleistungen hat es nicht gefehlt – vom so genannten Israel-Abkommen des Jahres 1952 über die Wiedergutmachungsabkommen mit etlichen westeuropäischen Staaten bis hin zum Bundesentschädigungsgesetz aus dem Jahre 1956. Nicht selten wurde dabei zugleich auf die wiedergutmachungsunfähigen Seiten der politischen Großverbrechen hingewiesen.

Es wurde also gezahlt, und es wird auch weiterhin noch gezahlt werden, und wiederum liegt es in der Natur der Sache, dass in einer medial integrierten Welt fortschreitend neue forderungsbegründende, materiell noch unabgegoltene historische Ereignisse gesucht und gefunden werden, die bislang absichtlich oder auch unabsichtlich noch nicht thematisiert worden waren.

»It's time to pay«, titelt entsprechend kolonialismusbezogen das Blatt *New African*,[63] und als Vorgang, nach dessen Muster mutatis mutandis Universalität seiner Geltungsgründe in Anspruch genommen wird, verweist man auf die deutsche Vergangenheitspolitik gegenüber den Juden. »The Jews are receiving compensation for the crimes committed against them by Nazi-Germany. But Africans enslaved by Arabs and Europeans over a period of more than 500 years, and on whose blood, sweat and toil Europe and the New World built their countries and economies, had nothing whatsoever paid to them.«[64]

Das ist verblüffend ungeniert gesagt, und es müsste in Europa, bei den Deutschen und Juden zumal, spontan alle bekannten Bedenklichkeiten gegenüber der Vergleichbarkeit der beiden hier parallelisierten humanen Katastrophen wecken. Indessen: Die Ungeniertheit der Afrikaner ist nichts anderes als der Ausdruck ihrer moralisch-politischen Unbetroffenheit, und in der Vergegenwärtigung der Leiden, der sozialen und kulturellen Katastrophen, die mit der Sklavenfängerei sich verbanden, in Vergegenwärtigung überdies der Dauer dieser Leiden und ihrer quantitativen Dimensionen dürfte es schwerfallen, die Ohren heutiger Schwarzafrikaner für die Argumente zu öffnen, die im Westen dazu bestimmt sind, die Singularität des Holokaust zu erweisen. Kurz: Menschheitsverbrechen sind Menschheitsverbrechen, und wer immer sie begangen hat, möge sie jetzt verantworten – Europäer oder Araber.

Was immer Europäern dazu an vergangenheitspolitischen Differenzierungsbedürftigkeiten einfällt – es wird die Universalisierung und damit die Globalisierung der vergangenheitspolitischen Aspekte internationaler Beziehungen nicht aufhalten können. Emendations- und entwicklungsbedürftig bleiben Form und Verfahren. Hingegen ist die Besorgnis gegenstandslos, der »Revisionismus«, das heißt der Versuch, aus Gründen der Selbstentlastung belastende Vergangenheiten tunlichst harmlos zu machen, werde durch die Universalisierung der neuen Praxis des Eingeständnisses historischer Schuld und deren Festschreibung gefördert. Das Gegenteil ist der Fall. Gerade unbedachte Versuche, die Singularität politischer Großverbrechen durch tunliche Nicht-Erwähnung analoger Großverbrechen noch eindringlicher zu machen, provozieren nach der menschlichen Natur der Sache den Eifer, sich den Großverbrechen der jeweils anderen zuzuwenden.

Die vergleichende historische Aufarbeitung der Menschheitsverbrechen ist unaufhaltsam. Die Literatur, die sie uns vorführt, ist in jeder Bedeutung des Wortes unübersehbar,[65] und die moralische Wirkung dieser Literatur ist keineswegs Verharmlosung jeweils eigener Schuld durch so genannte Relativierung, vielmehr die Vergegenwärtigung der Tatsache, dass sich die Universalität des Bösen zur Universalität der moralischen Forderungen genau komplementär verhält. Diese Einsicht ist nun selber ein religionskulturell universell verbreiteter Topos, und in der modernitätsabhängig sich global ausbreitenden Zivilbußpraxis ist die Geltung dieses Topos vorausgesetzt.

IV.
Leidensnationalismus

Genau komplementär zur modernitätsspezifischen Herausbildung internationaler und supranationaler Großorganisationen von kontinentaler, ja globaler Reichweite intensivieren sich gegenwärtig die politischen Selbstbestimmungsansprüche kleiner Kommunitäten.[66] Es revitalisieren sich in diesem Zusammenhang auch die nationalen Orientierungen. Kleine Bevölkerungsgruppen, die man bislang als Staatsvölker gar nicht wahrgenommen hatte, vollziehen ihre nationale Selbstidentifikation. Spektakulär verlaufen die neuen Nationalisierungsvorgänge in Ost- und Ostmitteleuropa. Bezieht man die noch bis zum Ende des Ersten Weltkriegs osmanisch beherrschten östlichen Mittelmeerräume hinzu, so hat sich in der Gesamtbilanz die Zahl der souveränen Völkerrechtssubjekte, also der verselbständigten Nationalstaaten, in den genannten Räumen von den Pariser Vorortverträgen bis heute versiebenfacht.

Das ist ein konfliktträchtiger Vorgang. Die Auflösung des alten Jugoslawien in seine nationalen Bestandteile ist gewaltsam verlaufen, und Gewalt durchzieht bis in die Gegenwart hinein auch die Renationalisierung der Kaukasus-Region. Dennoch beweist das nicht, dass die neuen

Nationalismen eo ipso Gewaltpotentiale freisetzten. Man sollte den fraglichen historisch-politischen Vorgang mit umgekehrtem Richtungssinn zu lesen versuchen. Alsdann sieht man: Es ist eine historische Singularität, dass eine Neubildung von Staatsgrenzen nach Anzahl und Umfang, wie sie im Untergang des Sowjetimperiums sich vollzog, weit überwiegend friedlich ablief.

Prozesse neonationaler politischer Selbstidentifikation laufen aber nicht allein in Ost- und Ostmitteleuropa ab. Im Westen entsprechen ihnen Vorgänge verfassungsrechtspolitischer Föderalisierung, und in Nutzung eingeräumter Autonomierechte konstituieren sich regionale Nationen – so im katalanischen Falle. Separatistische Bewegtheiten gibt es marginal auch. Im volksrechtsreichen Verfassungsrahmen der Eidgenossenschaft war ein republikanischer Wille zur Separation sogar erfolgreich, nämlich in der Loslösung des neuen Kantons Jura von Bern. Schottland ist inzwischen parlamentarisiert, und der Wille zu weiterreichender Verselbständigung wird in der schottischen Politik dann und wann spürbar.

Im Resümee heißt das: Die neuen Großorganisationen, an die von der Europäischen Union bis zur NATO und von der OSZE bis zur UNO die traditionellen Nationalstaaten ihre Souveränität durch eine rasch wachsende Zahl übernommener, völkerrechtlich verbindlicher Verpflichtungen abgegeben haben – partiell sogar förmlich, auf jeden Fall aber faktisch –, lösen die nationalen Identitäten keineswegs auf, sondern transformieren sie in Prozessen ihrer Pluralisierung. Die modernitätsspezifische Rationalität dieses Vorgangs ist an dieser Stelle nicht zu erläutern.[67] Hier bleibt die international sich ausbreitende vergangenheitspolitische Zivilbußbereitschaft das Thema, und diese Bereitschaft wirkt auf die modernen nationalen Selbstidentifikationsvorgänge katalysatorisch.

Bei der Einschätzung des Ausmaßes dieser Wirkungen darf man nicht übertreiben, aber diese Wirkungen sind unübersehbar und signifikant. Es ist ja die Leidensgeschichte der Völker, die in der Zivilbußpraxis rituell thematisiert wird. Man vergegenwärtige sich zunächst, dass Leidenserinnerungen auch schon in traditionellen Prozessen der Nationenbildung[68] eine wichtige Rolle spielten. »Die Gemeinschaft einer Nation schöpft aus einer langen Vergangenheit, die reich ist an Erfahrungen und Prüfungen, Leid und Freude, Niederlagen, Siegen und Ruhm« – so sagt es Edgar Morin[69].

Das hier angesprochene »Leid« ist im Kontext der nationalistischen Mythen und Ideologien des 19. Jahrhunderts und bis tief in unser eigenes Jahrhundert hinein freilich stets primär das Leiden der Opfer gewesen, die man selber für die Erfolge, ja Siege zu bringen hatte, die die Größe und den Ruhm der eigenen Nation begründeten. In den politischen Riten des nationalen Gefallenengedenkens spiegelt sich das wider, und in den Kriegerdenkmalszenerien, die für neuzeitliche Nationalstaaten charakteristisch sind, ist die Erinnerung daran auf Dauer gestellt.[70] Nicht, dass das ehrende Gefallenengedenken in modernen Staaten nationalpolitisch allmählich funktionslos würde. Der Irrtum, dass das so sei, kommt überhaupt nur in Deutschland vor, und wer sich eines Besseren belehren lassen möchte, reise zu den einschlägigen Gedenkanlässen in die USA oder nach Israel.

Nichtsdestoweniger sind Wandlungen des politischen Totengedenkens unübersehbar. Wenn sich der französische Staatspräsident und der deutsche Regierungschef auf Kriegsfriedhöfen treffen und sich vor den Fernsehaugen der Weltöffentlichkeit die Hand reichen,[71] so ist das nicht ein konventioneller diplomatischer Akt von der Art der Kranzniederlegung an Gräbern Unbekannter Soldaten im Kontext von Staatsbesuchen. Es handelt sich vielmehr um die symbolische Bekundung des Vergangenseins einer kriegerischen Epoche nationalstaatlicher Auseinandersetzungen, nachdem es unter den Zwängen der zivilisatorischen Evolution gelungen ist, Organisationen internationaler und supranationaler Kooperation zu errichten, die sich inzwischen dauerhaft als funktionstüchtig erwiesen haben.

Opfer, die einst für die jeweils eigene Nation erbracht worden waren, gewinnen damit im Rückblick die Bedeutung inzwischen unerträglich gewordener Leidensfolgen einer definitiv als zukunftsunfähig erwiesenen Politikform. Identitätsstiftender nationaler Aufopferungsstolz transformiert sich zu Erfahrungen leidvoller politischer Katastrophen, die gerade im nationalen Interesse die Entwicklung neuer Politiken in den internationalen Beziehungen erzwingen. Es ist evident, dass erst in dieser objektiv veränderten Lage die neuen vergangenheitspolitischen Formen der Vergegenwärtigung vergangener Leidensbereitung, der Bedauernsbekundung und der Entschuldigung schließlich möglich werden.

Im Extremfall bedeutet das: Wichtiger noch als das Leiden, das mit der Aufopferung für die Sache der eigenen Nation verbunden ist, wird für die nationale Selbstidentifikation jetzt das Leiden, das einem von anderen zugefügt worden ist. Das klingt sehr pathetisch, trifft aber die nationale Befindlichkeit der baltischen Völker oder auch der Polen in wichtiger Hinsicht durchaus, auf deren Kosten einst die beiden Großtyrannen des 20. Jahrhunderts sich geeinigt hatten. Der Nationalismus der Völker, die aus den Leidensfolgen dieser Einigung sich schließlich gerettet haben, ist entsprechend auch kein Relikt alter europäischer Nationalstaatsgeschichte, vielmehr eine emanzipatorisch wirkende Kraft der Selbstbehauptung gegen politische Fremdbestimmung.

Bei den Ureinwohnern Amerikas ist die bestimmende Rolle der Vergegenwärtigung ihrer Leidensgeschichte für den Vorgang ihrer Transformation zu »Nationen« vollends evident, und auch für die Völker afrikanischer Staaten haben die Entschuldigungen repräsentativer Politiker für die unermesslichen Leiden aus Sklavenhalterei und kolonisatorischer Urkulturvernichtung die Bedeutung von Beiträgen zur nationalen Konsolidation.

Im jüdischen Fall ist die identitätsprägende Bedeutung der Leiden, auf die sich jetzt die Vergebungsbitten der Repräsentanten der Täternation beziehen, ohnehin seit langem ein Thema. Dass der Holokaust »Stifter jüdischer Identität« sei, ist dabei natürlich eine Übertreibung kraft elliptischer Ausdrucksweise, und in der rhetorischen Erhebung des Holokaust zum »Heiligtum der weltlichen Staatsreligion« Israels erkennt man Absichten vergangenheitspolitischer jüdischer Selbstkritik.[72] Aber auch in moderater, subtilerer Fassung lässt sich der Sache nach Analoges sagen, wie zum Beispiel durch den Botschafter

Israels in der Schweiz bei einer Konferenz zur Religionsphilosophie Hermann Cohens an der Universität Zürich, die sich auf Cohens Verhältnis zum Zionismus bezog. Als Staatstheoretiker hatte der Philosoph Hermann Cohen im kaiserlichen Deutschland für die Fortentwicklung des Reiches zu einem »Rechtsstaat« uneingeschränkter Gleichheit aller Bürger plädiert, die sich auf nichts anderes gründe als auf die Zugehörigkeit dieser Bürger zur »Menschheit«[73]. Eben damit löse sich aber keineswegs auf, was die Menschen unbeschadet ihrer Rechtsgleichheit nach »Rasse« oder »Religion« unterscheidet. Der Rechtsstaat verlebendige noch solche Unterschiede. Dazu trug Hermann Cohen selbst mit seinem religionsphilosophischen Spätwerk nachhaltig bei, das die »Religion der Vernunft aus den Quellen des Judentums« thematisiert.[74] Jude sein in einem Rechtsstaat von Bürgern, deren Recht uneingeschränkt ist, nach Herkunft und Willen Jude oder auch etwas anderes sein – das war das Konzept eines deutschen Juden ein Vierteljahrhundert vor dem Holokaust, der sich in diesem Konzept zugleich in Übereinstimmung mit den Geltungsansprüchen der praktischen Philosophie der deutschen Klassik wusste. Entsprechend erschien ihm die Idee, das Judentum »in einem Sonderstaate zu isolieren«, als »Rückständigkeit des Zionismus im Begriffe der Nation«, und das widerspräche zugleich der »Messianischen Aufgabe des Judentums«[75]. Dem hielt der Botschafter entgegen, das sei vor dem Holokaust gesprochen gewesen. Im politischen Vorlauf des Holokaust, während des Holokaust und nach dem Holokaust hätte denn wohl auch Hermann Cohen über den Sinn des Willens, aus Juden ein Staatsvolk zu machen, anders gedacht. Wer kann es wissen – aber es hat seine Plausibilität.

Davon bleibt freilich unberührt, dass die politische Judentumsphilosophie Hermann Cohens eine recht gute Hilfe bietet, um verständlich zu finden, wieso trotz des Holokaust die Mehrheit der Juden in der Zerstreuung verblieben ist, nämlich insbesondere dort, wo nichts sie hindert, Juden zu sein oder es auch weniger kenntlich zu sein, also in den USA zumal und zu ganz kleinen Anteilen sogar wieder in Deutschland, aus dem ja inzwischen der Rechtsstaat geworden ist, wie er Cohen vor Augen gestanden hatte. Hier wie dort erledigte dann die Absicht der Nationalsozialistischen Deutschen Arbeiterpartei, die jüdische Identität durch physische Liquidation ihrer menschlichen Träger auszulöschen, die Gefahr der kulturellen Selbstauslöschung dieser Identität. Modernisierungsprozesse können sich als Vorgänge der Auflösung von Herkunftsprägungen zur Geltung bringen. In der Geschichte der rechtlichen, sozialen und politischen Emanzipation der Juden wurde das sichtbar. Dazu passt, was mit unüberbotener Entschiedenheit bereits Anfang der vierziger Jahre des 19. Jahrhunderts Karl Marx angekündigt hatte: Im transbürgerlichen weiteren revolutionären Fortschritt der Menschheit werde, unter anderem, die Freiheit der Religion durch die Befreiung von der Religion überboten werden – und die Emanzipation der Juden durch die Emanzipation der Menschheit vom Judentum.[76]

Das ist zugleich eine präzise identitätstheoretische Charakteristik der Motive, die jene jüdischen Intellektuellen gehabt haben mögen, die sich in der Frühzeit der sowjetischen Revolution zu bevölkerungsstatistisch disproportional großen Anteilen bei der sowjetischen Revolution engagiert hatten – bis hin zu der tätig verfolgten Absicht, »die traditionellen religiösen ... Werte der jüdischen Gemeinschaft zu zerstören«[77]. Auch diese Form der herkunftsauflösenden Vollemanzipation hat sich unter dem Druck der Erfahrung, als das Trägervolk einer Identität traktiert worden zu sein, die sich nach der ideologischen Obsession der Täter einzig durch physische Vernichtung sollte auslöschen lassen, erledigt. In der identitätstheoretischen Quintessenz heißt das: Wer man sei – das steht prinzipiell nie vollständig zur eigenen Disposition, und noch die Vorurteile der jeweils anderen im Ensemble dessen, wofür man gilt, sind Teil dieser Indisponibilitäten, die insoweit also leidend erfahren werden.

V.
Who is who?
Politische
Identitätsfiktionen

Schuldeingeständnisse sind naheliegenderweise nur sinnvoll, wenn das Subjekt der Taten, für die es sich zu entschuldigen gilt, real existent gewesen und geblieben ist. Komplementär dazu gilt für den Entschuldigungsadressaten dasselbe. Wer sich entschuldigt, möchte ja Entschuldigung auch gewährt bekommen, und somit erlischt der Sinn der Entschuldigungsbitte, wenn es die Betroffenen der eigenen Untaten gar nicht mehr gibt und nicht einmal Erben ihrer Leidensfolgen. Eben das gilt für die religiöse Bußpraxis nicht. Deren Sinn reicht über alle sozialen Beziehungen, die sich über erbetene und gewährte Entschuldigungen moralisch stabil erhalten, hinaus. Büßend erbittet das religiöse Subjekt die Wiederherstellung der Integrität seiner religiösen Bindung, und das definitive Ende des einschlägigen Rehabilitationsprozesses ist erst für das Jüngste Gericht zu erwarten. Das sei hier verkürzt so gesagt, weil sich zeigen lässt, dass auch die Zivilbußpraxis ihren moralischen Interaktionssinn im Kontext internationaler politischer Beziehungen nur erfüllen kann, wenn auch sie von der Fiktion freibleibt, Moralbudgets von Schuld und Sühne ließen sich hienieden überhaupt zu einem definitiven Ausgleich bringen.

In letzter irdischer Instanz kann insofern einzig der wechselseitig erklärte Verzicht auf einen solchen Ausgleich politisch ausgeglichene Verhältnisse schaffen.

Wie in den Details auch immer: Entschuldigungspraxis setzt bei den interaktiv beteiligten Subjekten dieser Praxis temporale Identitätskontinuität voraus. Eben das macht in Fällen, in denen man die Übernahme einer expliziten moralisch-politischen Vergangenheitsverantwortung hätte erwarten dürfen, den Versuch, sich dieser Verantwortung durch einen verborgen gehaltenen Identitätswechsel zu entziehen, so spektakulär. In Deutschland war der Wechsel von der Identität eines SS-Offiziers zur neuen Identität eines progressiven, literaturwissenschaftlich tätigen Intellektuellen, der sich bis ins Amt eines Universitätsrektors hinein hatte durchhalten lassen, ein solcher Fall.[78]

Fingierte Identitäten sind juridisch anerkennungsunfähige Identitäten. Entsprechend ist Identitätswechsel zur Selbstentlastung von unangenehmen Verantwortlichkeiten scharf sanktioniert und muss es sein, wenn feststellbar bleiben soll, wer der Täter der Tat war, an deren Folgen sich Entschuldigungserwartungen und Entschädigungsforderungen knüpfen. Nicht man selbst sein zu wollen – das kann somit nicht heißen, ein ganz anderer werden zu wollen. Die praktische Konsequenz ist vielmehr die, künftig anders sein zu sollen. Wegen der konstitutiven moralischen, rechtlichen und damit sozialen Bedeutung, die das hat, ist es somit sogar zwingend, Identität, also die Antwort auf die Frage, wer einer sei, an indisponible Fakten zu binden, deren Faktizität nicht moralisch und damit disponibel, vielmehr indisponibel, bei Individuen letztlich biotisch begründet ist.

In genau diesem elementaren Sinn ist die Geburtsurkunde das Basisdokument aller Identitätspapiere, und eben deswegen musste zum Beispiel die verwegene, in einer Kommission des Europarats geborene Idee scheitern, zur Erleichterung des Betriebs von Samenbanken den zivilrechtlichen Anspruch der Menschen auf Kenntnis ihrer genetischen Herkunftsidentität zu tilgen. Deren Feststellung könnte ja mit biotisch begründeten Alimentationsansprüchen verbunden sein, während doch die soziale Identität die von den Individuen einzig gelebte Identität sei.[79] Das macht zugleich das Ausmaß der Irritation verständlich, die regelmäßig von der Aufdeckung einer vom betroffenen Individuum selbst nicht zu verantwortenden fälschlichen Identitätszuschreibung ausgeht. Als Folge von Kinderverwechslungen in Geburtskliniken kommt das bekanntlich vor. Auch glaubt man dann und wann Gründe zu haben, absichtliche Identitätshintertreibung zu vermuten – wie im Fall Kaspar Hauser[80].

Die sich aktuell ausbreitende vergangenheitspolitische Zivilbußpraxis tut sich naturgemäß mit der hierbei doch stets im Prinzip als gelöst zu unterstellenden Aufgabe schwer, die Identität der jeweils beteiligten Subjekte festzustellen und diese über die in etlichen Fällen sehr großen Zeiträume hinweg sicherzustellen. Einzig in den Positivitäten des geltenden Völkerrechts gibt es ein einigermaßen zweifelsfreies Who is who, wobei sogar hier entscheidungsbedürftige Streitfälle vorkommen – bei Befreiungsbewegungen zum Beispiel oder bei Exilregierungen, deren Legitimitätsprätentionen sich durch mehrheitliche internationale völkerrechtliche Anerkennung der jeweils exilierenden Regime noch nicht erledigt haben.

Wenn Präsident Clinton sich in Westafrika für die Sklavenfängerei entschuldigt und erklärt, »we were wrong in that«, so handelt es sich natürlich um die Erklärung des Repräsentanten eines Völkerrechtssubjekts von massiver Eindeutigkeit. Ungleich weniger eindeutig ist aber in diesem Falle die Identität der jeweiligen Adressaten der fraglichen Zivilbußhandlungen. Um »people« handelt es sich jeweils, gewiss. Aber das Dunkel der Vergangenheit ist nicht leicht zu lichten, aus dem heraus sich Menschen über viele Generationen und Migrationen hinweg zu Staatsbürgern jener nachkolonialen afrikanischen Staaten erhoben haben oder auch erhoben worden sind. An diese richteten sich in der Repräsentanz ihrer Chefs die Worte des amerikanischen Präsidenten.

Sieht man genauer hin, so ist ja auch die Identitätskontinuität, die doch zwischen dem amerikanischen Volk, das Clinton zum Präsidenten gewählt hat, und jenen historischen Bewohnern kolonialer Territorien, die heute zu den USA gehören, eine Fiktion, aus der sich moralische und rechtliche Konsequenzen schwerlich herleiten lassen. Wären denn auch die Bewohner Hawaiis mit Bezug auf die Sklaverei vergangenheitsbewältigungspflichtig? Müssen auch diejenigen Bürger Kaliforniens und anderer neuer Staaten des Südwestens, deren Vorfahren vor dem Krieg der USA gegen Mexiko einmal Mexikaner waren, sich in die Erbengemeinschaft der historischen Sklavereisünder einbeziehen lassen? Immerhin konstituierte sich doch bereits während dieses Krieges eine Partei, die *Free Soil Party*, deren Ziel es war, die neuerworbenen Gebiete frei von Sklaverei zu halten. Und was ist mit den Millionen Latinos, die inzwischen in den Osten der USA eingewandert sind – partiell als Nachfahren jener autochthonen Völker Zentralamerikas, die doch ihrerseits unter den Folgen ihrer kolumbianischen »Entdeckung« zu leiden hatten? Wären auch die Juden des amerikanischen Ostens historisch als Sklavenfänger bekannt geworden? War den Immigranten aus Asien, die heute in den mannigfachen Chinatowns oder in den Koreanervierteln leben, bei ihrem Aufbruch nach Amerika bekannt, dass sie sich anschickten, sich politisch in eine Nation ehemaliger Sklavenhalter zu integrieren? Haben denn nicht die Staaten des nördlichen Ostens in einem sehr harten Bürgerkrieg gegen die Sezessionisten des Südens mit der Sezession auch die Sklaverei abgeschafft? Dauert die vergangenheitspolitische Entschuldigungsverpflichtung auch über eine solche blutige Erledigung unguter Vergangenheiten hinweg an?

Es erübrigt sich, diesen Katalog von Fragen zu verlängern. Es gewinnt Evidenz, dass es die Moral nicht gibt, die es erlaubte, die Angehörigen eines gegenwärtigen Staatsvolks mit ihren höchst differenten kontingenten Herkunftsgeschichten als verantwortliche Erben von Vätersünden zu identifizieren. Positivierbare Verantwortlichkeiten völkerrechtlicher Art, auf die sich Klagen vor internationalen Gerichtshöfen stützen ließen, dürften auch nicht konstruierbar sein. Deswegen hat der amerikanische Präsident, selbstverständlich, Verantwortlichkeiten dieser rechtlichen Art auch nicht mit einem Wort anerkannt. Es bleibt, dass der Präsident jeweils in ein und derselben Rede für sein Volk als Zivilbüßer aufgetreten ist und im Anschluss daran bedeutende finanzielle Leistungen in Aussicht gestellt hat. Dabei handelte es sich aber jeweils um Leistungen aus dem wohlbekannten Katalog der Entwicklungshilfen und nicht um Zahlungen zur adäquaten Erfüllung moralischer oder gar rechtlicher Haftungsfolgen.

Das bedeutet: Die fragliche Zivilbuße ist in ihrem rationalen Sinn einzig als zivilreligiöser Akt verständlich. Wir sind allzumal Sünder – das wird einbekannt, und auch Geschichte und Vorgeschichte der USA erweisen die Wohlbegründetheit solchen Bekennens. Dabei widerspräche es doch der religiösen Prägung solcher Zivilbuße, wenn im Bekennen, dass wir doch allzumal Sünder sind, zunächst einmal über die Sünden der jeweils anderen lamentiert würde. Man schlägt sich an die eigene Brust und begleitet das mit anlassadäquaten Worten. Man kann sich vorstellen, dass es die internationalen Beziehungen verbessert, wenn bei geeigneten und rituell herausgehobenen Gelegenheiten Akte des Bedauerns zur Üblichkeit werden. Das Wir aber, das dabei über große Zeiträume hinweg kollektive Identität zu fingieren scheint, ist in Wahrheit ein Symbol für die Unentrinnbarkeit unserer Herkunftsgeschichten und nicht ein Rechtssubjekt mit aufrechenbarer Zahlungsverpflichtung. Wird dennoch gezahlt, so ist auch diese Zahlung selbst bei bedeutenden Summen rein symbolisch, und ihre darüber hinausliegende pragmatische Rationalität ist konventionelle Entwicklungshilfe.

Identitätstheoretisch heißt das in der Zusammenfassung: Kollektive haben als Subjekte der Leiden, die ihnen in ihrer Kollektivität von jeweils anderen bis hin zur Absicht, sie auszulöschen, zugefügt werden, eine Identität, die ungleich einfacher zu erkennen und zu beschreiben ist als die Identität kollektiver Handlungssubjekte. »People« lassen sich eben in moralisch und rechtlich akzeptabler Weise als Täter schwerlich verantwortlich machen. Die Subjektivität des Kollektivs, dem man eine Kollektivschuld[81] zuschreiben möchte, ist stets ein Konstrukt ideologischer oder sonstiger kognitiver Willkür. Als Objekt der Aggression, die sich gegen Menschen richtet, die über gewisse kollektivierende Eigenschaften identifiziert werden, gewinnt indessen die kollektive Identität dieser Menschen unzweifelhafte, nämlich leidensbewirkte Realität – von den Armeniern über die Juden bis hin zu den Tutsis.

Als Handlungssubjekte lassen sich Kollektive nur über die Institutionen in Anspruch nehmen, zu denen sie organisiert sind, sowie über die Personen, die sie in diesen Institutionen repräsentieren. Es gibt die Empirie nicht, die es sinnvoll machte, Völker, Staatsvölker gar, mit den Mitteln der Kleingruppensoziologie zu beschreiben, auf die das Strafrecht bei der Konstruktion mittäterschaftlicher Verantwortlichkeiten bei der Bandenkriminalität zurückgreift. Beachtete man diesen Unterschied von Handeln und Leiden in seiner Bedeutung für die Identifizierbarkeit von Kollektivsubjekten nicht, so ergäben sich moralisch und rechtlich destruktive Konsequenzen. Die Türken und die Deutschen und die Hutus sind eben nicht in derselben Kollektivität als Täter identifizierbar, in der die Armenier und die Juden und die Tutsis ihre Opfer waren. Rächer freilich halten diese Unterscheidung für unbeachtlich und werden eben darüber in der politischen Interaktion von Nationen zu Ultranationalisten. Das sich inzwischen entwickelnde internationale Strafrecht bricht die ultranationalistische Kongruenz von Opferkollektiven einerseits und Täterkollektiven andererseits auf.[82]

Ohne Nutzung eines Who is who kollektiver Identitäten wäre allein schon aus sprachlichen Gründen Geschichtsschreibung nicht möglich. Sowohl in der Herausbildung öffentlicher Meinung als auch im Umgang mit jeweils anderen, die unter uns leben oder unter denen wir unsererseits leben, wäre ohne unterscheidungs- und zuordnungsleitende Auto- und Heterostereotypen nicht auszukommen. Aber die fiktive Unterstellung kollektiver Handlungssubjektivität hat wie nichts anderes im Kontext moderner Ideologiegeschichte zur Konstruktion jener kollektiven Identitäten beigetragen, die dann als Subjekte kollektiv erlittener Leiden Realität gewannen. Es ist genau dieser ideologiepolitische Konstruktivismus, dem gemäß in Hitlers Machtergreifungstagsrede 1939 das »Judentum«, näherhin antikapitalistisch das »Finanzjudentum«, zum Subjekt von Kriegsauslösungsabsichten erklärt wurde.

Auch die Klassenkampfideologien verfuhren insoweit strikt analog – im Falle der DDR mit der verblüffenden Konsequenz, dass nicht mehr die Deutschen als das Kollektiv identifiziert wurden, aus dem heraus sich der konsequent in »Faschismus« umbenannte Nationalsozialismus entwickelt hatte, vielmehr die Angehörigen der vom organisierten internationalen Proletariat bedrohten Bourgeoisie, die in der Endphase ihrer historischen Existenz zu terroristischen Formen der Selbstverteidigung übergegangen sei. Genau das ist ja der Zentralgehalt der berühmten Dimitroff-Formel zur ideologisch korrekten Charakteristik des »Faschismus«, die selbstverständlich auch in der DDR kanonisch war.[83] Entsprechend vermochte sich dann die Deutsche Demokratische Republik, die auf ihrem Teil des ehemaligen Deutschen Reiches den siegreichen, eo ipso anti-faschistischen Sozialismus in kommunistischer Absicht repräsentierte, als ein vergangenheitspolitisch vollendet unbelastetes deutsches Staatswesen zu verstehen. Sogar auf einige nicht-deutsche Juden hat das bekanntlich Eindruck gemacht.

Man erkennt die Zusammenhänge: Die neue Zivilbußpraxis fördert als Element internationaler Beziehungen die Selbstwahrnehmung der nationalen und sonstigen Kollektive als Leidenssubjekte. Indem die sich entwickelnde internationale Strafgerichtsbarkeit die ideologisch verseuchten Begriffe von Kollektivtäterschaften fortschreitend auflöst oder pragmatisiert und rechtsförmig macht, darf man hoffen, dass die archaische Politik der Verwandlung fiktiver kollektiver Handlungssubjekte in reale kollektive Objekte von Aggressionen allmählich chancenloser wird.

VI.
Historisierung oder die kurzen Beine der Geschichtslügen

In wohlbestimmter Hinsicht macht die sich international ausbreitende Zivilbußbereitschaft aufklärungsbereiter. Das traditionelle Nestbeschmutzerargument, mit dessen Hilfe geschönte Vergangenheitsvergegenwärtigungen politisch privilegiert werden sollen, verliert an Wirksamkeit. Die höchsten Staatsrepräsentanten zeigen sich heute weltweit vergangenheitspolitisch bereit, historische Fakten anzuerkennen. Die Neigung, gewisse Akten tunlichst unter Verschluss zu halten, schwächt sich ab. Die Aufmerksamkeit der Medien wirkt ohnehin als soziale Kontrolle, die die Praktiken des Verschweigens und Versteckthaltens auf Dauer chancenlos macht. Nach dem Ende der ideologiepolitisch observierten Geschichtsschreibung sind hagiographische Neigungen auch beim geschichtswissenschaftlichen Laienpublikum der Lächerlichkeit verfallen. Keine Kleinstadtchronik[84] und keine gymnasiale Jubiläumsschrift[85], die heute in Deutschland die Folgen der lokalen und innerschulischen Machtergreifung der Nationalsozialisten nicht in gehöriger Breite schilderte.

In Systemen, deren Liberalität rechtlich geschützt ist, gibt es die Instanzen nicht, die wirksam und auf Dauer belegbare Fakten zu unterdrücken vermögen – die Fakten der »Endlösung« nicht, den roten Holokaust auch nicht und die Schicksale der Indianer und sonstiger kolonisatorisch verdrängter Autochthonen ebenso wenig. Selbst diplomatische Publizitätsbehinderungsversuche, die sich auf politische Marginalitäten ohne jeden spektakulären moralischen Herausforderungscharakter beziehen, finden eben wegen der nachweisbaren Versuche, sie unauffällig zu halten, alsbald das rege Interesse der Forscher – wie die Schweizer Intervention gegen die Veröffentlichung deutscher Außenamtsakten mit Belegen für eine neutralitätsgefährdende »franco-helvetische Militärkooperation« bald nach Beginn des Zweiten Weltkriegs. Wirksam unterstützt wurde das vom Bundesarchiv eben desselben Landes, um dessen Geschichte es sich hier in einem Detail handelt, und mitgeteilt wurden die fraglichen Forschungsergebnisse in einem Dossier eben dieses staatlichen Archivs.[86]

In der Zusammenfassung bedeutet das: In den die Nationalgrenzen unkontrollierbar überschreitenden Öffentlichkeiten der Wissenschaften und der Publizistik werden die Beine der Geschichtslügen immer kürzer. Die Chancen, mit Hilfe von Weißbüchern oder auch buntfarbenen Dokumentationen offizielle Versionen von Geschichtswahrheiten sicherzustellen, nehmen ab. Eher dominiert ein Eifer vergangenheitspolitischer Aufdeckung von Untaten – ein Eifer, der vor Jahrzehnten noch wenn nicht als Nestbeschmutzung, so doch als indiskret hätte gelten müssen. Dabei versteht sich, dass dieser Eifer mit dem temporalen Abstand von den Ereignissen, über die berichtet wird, ständig zunimmt. Es ist diese vergangenheitspolitische Lage, zu der sich die fragliche Zivilbußpraxis fügt. Nicht, dass man dieser Praxis kausal die Wirkung zuschreiben dürfte, dass sich in wissenschaftlichen und sonstigen Öffentlichkeiten heute wie nie zuvor die Bereitschaft zur historischen Selbstaufklärung ausgebreitet hat. Aber die Bußpraxis ist ein sprechender Indikator der neuen vergangenheitspolitischen Lage, und zwar auf der höchsten diplomatischen Ebene.

Unzweifelhaft handelt es sich dabei um einen Moralisierungsvorgang, der auch die internationalen Beziehungen betrifft. Die Zuständigkeitsansprüche der Ethik haben somit uneingeschränkt auch die internationalen Beziehungen ergriffen, und Spezialzeitschriften berichten über Fortschritte in der Arbeit von akademischen und publizistischen Kooperativen auf dem Feld dieser Ethik.[87]

Das hört sich gut an. Die sich ausbreitende Zivilbußpraxis steht für einen regional und temporal großräumigen Vorgang der Schuld- und Leidenshistorisierung. Aber die Moral, die diesen Vorgang kontrolliert und sanktioniert, ist eine scharfe Waffe. Ihre Reichweite erstreckt sich ungleich weiter als die Reichweite des Rechts. Dabei wäre es ein Missverständnis des Verhältnisses von Recht und Moral, das Recht für ein Ensemble von Normen zu halten, die eo ipso auch die Moral zur Geltung bringen, die man aber überdies, ihrer besonderen Wichtigkeit wegen, mit einem öffentlichen, institutionalisierten Geltungsschutz ausgerüstet sehen möchte. Für Teile des Strafrechts, gewiss, scheint diese Charakteristik des Verhältnisses von Recht und Moral zu passen. Für andere Rechtsbereiche passt sie aber gar nicht, und selbst für das Strafrecht lässt die Vorstellung, das Recht knüpfe an die

Geltung der Moral an, mache aber diese Geltung für einen Teil der moralischen Normen förmlich und öffentlich und sanktioniere sie zugleich, übersehen, dass das Recht auch die Funktion hat, die Durchgriffsmacht der Moral zu begrenzen und ihren Rigorismus, der destruktiv wirken könnte, zu entschärfen.

Moralische Schuld verjährt bekanntlich nicht. In die Praxis religiöser Buße umgesetzt heißt das, dass die Beichtbedürftigkeit der Sünden kein Verfallsdatum kennt. Was vergeben ist, bleibt vergeben und wird, wenn es ehrlich einbekannt war, auch beim Jüngsten Gericht, soweit wir wissen, nicht wieder aufgerollt. Aber alle übrigen Sündenfälle bleiben dauerhaft pendent. Was hingegen hienieden vor dem Strafrichter zu verantworten ist, erledigt sich eines irdischen Tages in der übergroßen Mehrzahl der Fälle, sofern nicht durch Urteil und Strafverbüßung, durch Verjährung. Dabei ist der Sinn der Verjährungsvorschriften ersichtlich nicht der der Wiederherstellung einer beschädigten moralischen Weltordnung. Ihr Sinn ist vielmehr, den gestörten Rechtsfrieden dezisionistisch als durch Zeitablauf wiederhergestellt zu erklären, nachdem es nicht gelang, ihn beizeiten durch ein Urteil zu restituieren.

Durch die neue Zivilbußpraxis werden nun die Verbrechen, auf die sich diese Praxis bezieht, der Zuständigkeit gewöhnlichen Rechts entzogen und gänzlich dem moralischen Urteil anheimgegeben. Todsünden verjähren nicht, und für das politische Großverbrechen des Völkermords hat man die strafrechtlichen Verjährungsfristen gleichfalls aufgehoben.[88] Nicht Individuen, sondern Kollektive sind es, gegen die sich diese Großverbrechen richten – Klassen, Völker, Rassen gar. Die Identität der Überlebenden bleibt über Generationen hin und dauerhaft durch den opferreichen Versuch ihrer Auslöschung geprägt. Zu diesem Bestand fügen sich die kurzen Fristen nicht, über die hin das Recht der Verjährung für »gewöhnliche« Verbrechen mit der Schuld die Sühne verknüpft hält. Eben das wird mit der Erklärung der Unverjährbarkeit der fraglichen Menschheitsverbrechen bekundet.

Noch einmal: Es ist eine primär moralische und erst sekundär juridische Pragmatik, die hier die neuen gesetzlichen Unverjährbarkeitsvorschriften ausmacht, und das hat Folgen. Man überlässt es dem Tod, die Täter der Verfolgbarkeit zu entziehen. Die Schuld bleibt aber in aufdringlicher Weise über den Tod der Täter hinaus in fortdauernd belastender Weise ungesühnt, und sie würde zur Erbschuld werden, wenn es, komplementär zu den Leidenskollektiven ganzer Klassen, Völker und Rassen, auch Täterschaftskollektive solcher Klassen, Völker und Rassen und damit auch eine Kollektivschuld geben könnte. Der verführerische Charakter des Gedankens, es gäbe sie, beruht auf ihrer legitimatorischen Bedeutung, die sie für Rächer hätte, und es bedurfte immerhin einer eindringlichen[89] und fortdauernden[90] Erörterung, um Resistenz gegen die Verführungskraft der Kollektivschuldthese zu erzeugen und zu erhalten.

Die Unverjährbarkeit von Menschheitsverbrechen bleibt freilich ein Versuch, die Singularität dieser Verbrechen zu manifestieren, mit juridischen Mitteln von begrenzter Tauglichkeit. Sie bleibt symbolisch.[91] Das hält in

Erinnerung, dass das Recht, damit es über alle Rechtsbrüche hinweg Rechtsfrieden sichern kann, einen politischen Willen voraussetzt, der durch seine faktische Geltung die Kraft hat, die öffentliche Ordnung als rechtsfriedenssichernde Ordnung zu stiften und zu erhalten. Was hingegen in anderer Absicht und in tiefgreifender Störung, ja Zerstörung des Rechtsfriedens politisch geschieht, ist mit den Mitteln des Rechts allein im jeweiligen Nachhinein nicht wieder gutzumachen.[92] Nicht einmal die Zeit, geschweige denn das Recht ist in der Lage, für die Untaten, auf die sich die Nachfahren der Täter heute mit ihren Zivilbußen beziehen, einen Ausgleich zu schaffen. Jenseits eines stets ungewissen Zeitpunkts verwandeln sich alle Verbrechen in Geschichten, an die sich verfahrensförmig weder moralisch noch rechtlich erneut anknüpfen ließe. Eben das machen die erwähnten »777 trillion dollars« evident, in die die *Pan-African Conference on Reparations For African Enslavement* die Bußbitte des amerikanischen Präsidenten als zahlbare Schuldsumme ummünzen zu können hoffte.

Es ist trivial, dass auch Regierungsverbrechen Entschädigungsansprüche konstituieren, und die Singularität dieser Verbrechen evoziert zwangsläufig auch neue Formen juridisch-politischer Haftbarmachung und tätiger Haftungsanerkennung. Gleichwohl mutet die Idee bizarr an, heutige US-Bürger europäischer Abstammung, überdies die heutigen Europäer insgesamt, einschließlich der Finnen und Luxemburger, als Träger wenn schon nicht einer Kollektivschuld, so doch einer kollektiven Haftpflicht anzusehen. Von der Vorstellung eines bevorstehenden Jüngsten Gerichts dürften demgegenüber exklusiv wohltätige Folgen ausgehen. Das Philosophem, die Weltgeschichte sei das Weltgericht, ist zwar verwegen, in moralischer Hinsicht aber förderlich – allerdings nicht, wenn dieses »Weltgericht« die Gestalt eines Forums annähme, das man sich mit Repräsentanten der Nachfahren all derjenigen besetzt dächte, die einmal Unrecht erlitten haben, einschließlich der Mitglieder der *Pan-African Conference*.

Es gibt die Kontinuität der Kollektivsubjekte nicht, die über große Geschichtsräume hinweg miteinander in moralischer und juridischer Absicht kommunizieren könnten. Wer hätte heute für die Leiden der Neronischen Christenverfolgung einzutreten? Wäre ein Frauenkollektiv denkbar, das die sehr harten historischen Fakten der neuzeitlichen Hexenverfolgung aus einer Retrospektive in den Gegenstand einer Anklage verwandeln könnte – gegen wen auch immer? Wer wären heute die Bolschewisten, die für die Massenliquidation orthodoxer Priester in der leninistischen Frühzeit der Revolution als Verantwortungserben identifiziert und moralisch oder gar juridisch zu Leistungen verpflichtet werden könnten?

Näher zur Gegenwart, gewiss, existieren noch residual Personen und Institutionen, zwischen denen sich Beziehungen – und zwar zwischen Tätern und Opfern individualisierte und damit verfahrensmäßig handhabbare Beziehungen – über Anklagen oder Klagen sicherstellen lassen, in denen man zu Verurteilungen oder Urteilen von mehr als symbolischer Bedeutung gelangen kann. Geschieht das, so wird aber alsdann die Diskrepanz zwischen dem Ausmaß der Katastrophen, die tatsächlich stattgefunden haben, und den noch verbliebenen Möglichkeiten der Restitution umso aufdringlicher. Sogar auf den Holokaust wirkt der Generationenwechsel historisierend, und mit der Anzahl der Generationen, die Täterschaften und Büßerschaften voneinander trennen, gewinnt die historische Natur ihrer Beziehung zwangsläufig an Dominanz. Die neue Zivilbußpraxis widerspricht diesem Historisierungsvorgang nicht. Sie bestätigt und bekräftigt ihn. Ihr Sinn ist ja, wie bei jeder Buße, durch Schuldeinbekenntnis Befreiung von Vergangenheitslasten, und der unverzichtbare kognitive Teil dieses Prozesses ist stets die Feststellung, wie es wirklich gewesen ist.

Wie es wirklich gewesen ist – das wissen zu wollen, setzt freilich eine sehr anspruchsvolle Erkenntnismoral voraus, und gerade diese Moral ist stets gefährdet, wo es sich um die Feststellung von moralisch oder gar juridisch relevanten Beständen handelt. Gelegenheiten zur Vorteilsverschaffung durch den Anspruch, Subjekt der moralisch radikaleren Bereitschaft zur Vergangenheitsaufklärung zu sein, wirken fast unwiderstehlich. Dafür ist, in Deutschland, der so genannte Historikerstreit einer der eindrucksvollsten Belege.[93] Ein Beitrag zur Historisierung des nationalsozialistischen Völkermords an den Juden war er nicht, das heißt: Der Streit war kein Beitrag zur Erweiterung oder Emendation unseres historischen Wissens davon, wie es denn wirklich gewesen ist – um diese zum historistischen Topos gewordene Formel Rankes hier noch einmal zu verwenden. Es ging vielmehr, statt um Aufklärung moralisch und politisch höchst relevanter historischer Fakten, um die moralische und politische Qualifikation gewisser Meinungen über diese Fakten – das aber vor allem in disqualifizierender Absicht.

Dergleichen ist in der Tat in privaten wie in öffentlichen Zusammenhängen immer wieder einmal unvermeidlich. Es wäre selbst in der Wissenschaft ein grobes Missverständnis des forschungspraktischen Gebots, Behauptungen über das, was der Fall ist, werturteilsfrei zu treffen, wenn man dieses Gebot mit der Auskunft verwechselte, solche Behauptungen könnten eo ipso nur wahr oder falsch sein, böten aber sonst keinerlei Grundlage für ein Urteil über die moralische oder sonstige Kompetenz des Subjekts solcher Behauptungen. Es ist eine klassische, das heißt alte, aber nicht veraltete Lehre, dass man sich auch rein diskursiv, also vor aller Praxis, durch Behauptungen disqualifizieren könne. Insbesondere gilt das für Behauptungen über die Geltung oder Nicht-Geltung praktischer Normen.

»Man solle«, rät entsprechend bereits Aristoteles, nicht »jede These untersuchen, sondern nur solche, wo es zur Lösung obwaltender Zweifel der Vernunft bedarf und nicht der Züchtigung oder der gesunden Sinne«. Wer etwa in Frage stelle, dass man »die Götter ehren und die Eltern lieben« solle, verdiene, statt eines Gegenarguments, Zurechtweisung. So gilt auch für Behauptungen, die, statt Behauptungen über Normen, Behauptungen über Tatsachen sind, dass sie immer wieder zu definitiven Zweifeln an der Kompetenz ihres Subjekts Anlass geben können. Entsprechend dürfe man sich nicht, so Aristoteles, auf Erörterungen »mit dem ersten besten einlassen«[94]. Das bedeutet: Zur Menge der Möglichkeiten, sich unmöglich zu machen, gehören in der Tat auch unvertretbare Meinungen, einschließlich denkbarer und auch vorkommender historischer Behauptungen über das, was angeblich der Fall oder auch nicht der Fall gewesen sein soll.

Im Historikerstreit wurde bekanntlich die Leugnung der »Einzigartigkeit der nationalsozialistischen Judenverfolgung« zum streitauslösenden Kern der Sache erhoben. Der Titel des Bandes zur Dokumentation der Debatte hält das so fest.[95] Der Name des Historikers Ernst Nolte ist für die fragliche Leugnung zum Metonym geworden. Ernst Nolte, so stellte Jürgen Habermas in disqualifizierender Absicht fest, reduziere die Singularität der Judenvernichtung auf ›den technischen Vorgang der Vergasung‹[96]. Die Frage, ob die Bestreitung der »Singularität« eines politischen Großverbrechens, näherhin eines Völkermords, überhaupt geeignet sei, den Bestreiter moralisch und politisch und überdies auch wissenschaftlich zu disqualifizieren, bleibe an dieser Stelle unerörtert. Aber wer eine solche öffentliche Disqualifikation für erforderlich hält, sollte doch, bei der moralisch schwerwiegenden Bedeutung, die eine solche Disqualifikation im bürgerlichen wie im akademischen Leben hat, sicher sein, dass die Bestreitung der Singularität des Völkermords an den Juden auch wirklich stattgefunden hat.

Bei Ernst Nolte selbst lesen wir – und zwar just in jenem Text, der für die Auslösung des Historikerstreites zum Anlass genommen wurde: »Die Gewalttaten des Dritten Reiches sind singulär«. »Die Vernichtung von mehreren Millionen europäischer Juden – und auch vieler Slawen, Geisteskranken und Zigeuner – ist nach Motivation und Ausführung ohne Beispiel, und sie erregte insbesondere durch die kalte, unmenschliche, technische Präzision der quasi-industriellen Maschinerie der Gaskammern ein Entsetzen ohnegleichen«⁹⁷. Eben daraus macht Jürgen Habermas, der doch seine Nolte-Kritik auf andere Punkte durchaus hätte beschränken können, Noltesche Reduktion der »Singularität der Judenvernichtung« auf den ›technischen Vorgang der Vergasung‹. Hier handelt es sich um ein Verfahren, vergangenheitspolitische Korrektheit durch Empörung über Ansichten zu demonstrieren, die die ineins damit disqualifizierten Personen gar nicht geäußert hatten. Das ist es, was schon Gordon H. Craig, der mit den deutschen und europäischen Fakten vertraute amerikanische Beobachter der deutschen Szene, vom »Mangel an Anstand im Historikerstreit« sprechen ließ.⁹⁸

Der Vorgang ist derart erstaunlich, dass man nach einer Erklärung verlangt. Die Erklärung liegt in der 1980 noch aktuellen Absicht, das von Teilen der westeuropäischen Links-Intellektuellen verhängte Verbot des Anti-Kommunismus wirksam zu erhalten – wenn nicht mittels Leugnung der unleugbaren Tatsache, dass auch die kommunistische Herrschaft von ihren leninistischen Anfängen an eine Massenliquidationen einschließende Herrschaft war, so doch durch Einforderung von fortdauerndem Respekt vor den moralischen, nämlich emanzipatorisch orientierten Motiven jener zahllosen Intellektuellen, die sich im europäischen Osten wie auch im Westen bei den Ideologien marxistisch-leninistischer Prägung, ja bei den einschlägigen Parteien engagiert hatten. Noch auf das »Schwarzbuch des Kommunismus« wurde, nämlich in Deutschland, mit dem Ausspruch »nekrophiler Antikommunismus« in einem tatsächlich vorgekommenen Fall reagiert.⁹⁹ Ersichtlich handelt es sich bei solchen Vorgängen nicht um die Gewinnung vergangenheitspolitisch zukunftsfähiger Einsicht in die Umstände, die das 20. Jahrhundert zu einem Jahrhundert beispiellosen Massenterrors haben werden lassen. Es handelte sich vielmehr um Akte der Destruktion konventioneller politischer und akademischer Diskursmoral in der Absicht, die eigenen geschichtspolitischen Optionen durch moralische Disqualifikation faktenanerkennungsfähiger Intellektueller zu privilegieren.

Man kann, was hier stattgefunden hat und residual immer noch vor sich geht, auch mit Rekurs auf eine traditionelle rhetorische Figur charakterisieren: An die Stelle des Arguments wider das bestreitungsbedürftige Argument (*ad rem*) tritt das Argument *ad personam*. Man erledigt, was einem nicht passt, durch persönliche Disqualifikation dessen, der es vertritt. Das kann in modernen, das heißt massenmedial integrierten Öffentlichkeiten sehr wirksam werden. Was den zitierten Historiker Ernst Nolte anbetrifft, so genügt in Teilen dieser Öffentlichkeit inzwischen die Nennung seines Namens, um die Vorstellung des Unerhörten zu evozieren.[100] Was Nolte wirklich gesagt hat, wird über massenmedial verbreitete üble Nachrede zugedeckt, die auf ihren schlechterdings nicht mehr vorhandenen Realitätsgehalt hin zu überprüfen von den Forterzählern dieser Nachrede nicht mehr für nötig gehalten wird.

Die Dominanz des intellektuellen Interesses an der moralischen Korrektheit der Historiker über das vergangenheitspolitische Interesse an den historischen Fakten führt zu einer dramatisch wachsenden Ungleichheit von Intellektuellen, die am öffentlichen Leben teilnehmen, nach Graden ihrer moralischen Satisfaktionsfähigkeit. Wem das moralische Gütesiegel erst einmal aberkannt worden ist, den braucht man nicht mehr zu lesen.

Man braucht nicht einmal mehr nachzudenken. Ist es denn selbstverständlich, dass die Bestreitung der Singularität des Völkermords an den Juden, die dem Historiker Nolte fälschlich unterstellt worden ist, eine im zitierten Aristotelischen Sinne[101] nach Moral und Kompetenz disqualifizierende Behauptung sei? In kognitiver Hinsicht ist der Streit um die Singularität eines historischen Ereignisses eo ipso ein Nonsens-Streit. Die Singularität des Holokaust ist nämlich in wohlbestimmter Hinsicht trivial. Einige, und zwar die wichtigsten dieser Singularitäten hatte ja auch Ernst Nolte ausdrücklich aufgezählt – von der rassenkampfideologischen Motivation der Judenvernichtungspolitik bis hin zur Errichtung von Tötungsfabriken. Bezieht man sich hingegen, zum Beispiel, auf die quantitativen Dimensionen der nationalsozialistisch inspirierten Massentötungen, so ist die Singularitätsthese ersichtlich falsch. In anderen Fällen lässt sich spontan schwerlich sagen, ob Motivationen und Vollzugsformen nationalsozialistischer Judenverfolgung singulären Charakter haben oder doch auch Analogien anderswo.

Gabriel Motzkin befand im Januar 2000 bei Gelegenheit einer Diskussion in Elmau, schlechterdings einzigartig sei die Praxis der Entwürdigung der Opfer gewesen – zum Beispiel durch den erniedrigenden Zwang zu evident sinnwidrigen Verrichtungen. Ein besonders widerwärtiges Foto aus Wiener Tagen gleich nach Hitlers

Heimholung Österreichs ins Großdeutsche Reich zeigt, wie Juden unter Aufsicht von SA-Männern Wiener Trottoirs mit der Zahnbürste reinigen. Das ist in der Tat Entwürdigung der Verfolgten in der von Motzkin charakterisierten Art. Aber dann erinnert man sich doch auch an die Bilder aus Tagen der großen chinesischen Kulturrevolution, bei der die Feinde des Volkes vor ihrer Liquidation mit Spotthüten angetan durch die johlende Menge gekarrt wurden. Wo läge, was die Praxis der Entwürdigung anbetrifft, der Unterschied? Man wird solche Unterschiede, wenn man die Analysen ins Feine triebe und wenn die Quellenlage es erlaubte, sicherlich finden. Aber jenseits eines ungewissen Punktes wird das Interesse undeutlich, das man haben könnte, die einen und die anderen Opfer nach Graden der geringeren oder größeren Evidenz der Singularität ihrer Verfolgung zu sortieren. Lässt man die Zweifelsfälle beiseite, so bleibt es dabei, dass die Singularitätsthese nach ihrem kognitiven Gehalt, jeweils partiell, einerseits trivial und andererseits falsch ist.

Und eine solche These, die entweder trivial oder falsch ist, soll die Bedeutung eines moralischen Fundaments deutscher Vergangenheitspolitik haben? Man erkennt: Die Dominanz des Interesses an der moralischen Absicherung jeweils eigener vergangenheitspolitischer Optionen über das historische Interesse in der Vergegenwärtigung der Vorgänge, die wirklich stattgefunden haben, bedroht nicht nur die öffentliche Diskursmoral, vielmehr die Geltung etlicher Topoi traditioneller Diskurskunst auch noch.[102]

Vor allem aber bewirkt der exzessive Gebrauch des

Arguments *ad personam*, dass – um es konventionell zu formulieren – Person und Sache nicht mehr auseinandergehalten werden. Das bedeutet: Wer ungeniert genug ist, öffentlich zu sagen, dass die Nolte-Schelte einiger Prominenter in diesem oder jenem wichtigen Punkt erweislich wahrheitswidrig sei, muss gewärtigen, gleich ohne Federlesen gesamthaft in die Naziverteidigerfront eingereiht zu werden, die Nolte und andere »Revisionisten« angeblich zu halten suchen. Für die Argumentationskultur bedeutet das, dass unter der Herrschaft einschlägiger Correctness-Regeln die spezifisch aufgeklärte Intellektuellen-Tugend des Eklektizismus zerfällt. Jeder inkorrekte Ton steht für die ganze Person. Es genügt, Hobbes als Klassiker wichtig zu nehmen, und schon ist man, statt als Freund der Wahrheit, als Parteigänger eines wahrheitsdesinteressierten Ordnungsfetischismus erwiesen. Man erlaubt sich, einen Satz von Carl Schmitt in zustimmender Absicht zu zitieren, und schon wird man wie einer behandelt, dem man zutrauen dürfte, die von Hitler befohlene Ermordung eines Teils der höheren SA-Führerschaft und sonstiger missliebiger Persönlichkeiten wie seinerzeit Carl Schmitt zu kommentieren.

Der Moralismus schätzt kurze Prozesse mit harten Urteilen und knapper Begründung. Die Menge der Möglichkeiten, sich unmöglich zu machen, die in der Tat in keinem politischen System, das sich erhalten möchte, gegen null schrumpfen darf, expandiert unter der Aufsicht der geschichtspolitischen Correctness-Wächter bis hin zu ganzen Systemen einer politisch-avantgardistisch gemeinten Sozialtheorie einschließlich eines zugehörigen Kanons zugelassener Klassiker solcher Theorie. Die Moral wird enttrivialisiert, die Unterscheidung von Gut und Böse verliert ihre Common sense-Fähigkeit, und die Neigung, die Vergangenheitspolitik an die Ergebnisse historischer Forschung zu binden, erscheint als positivistisch verstockter Amoralismus. Wer zu behaupten wagt, die Verdrängungsthese, nach der in Deutschland bis hin zum »Aufschrei«[103] der akademischen Jugend im 68er Jahr die nationalsozialistischen Massenverbrechen beschwiegen sein sollen, sei falsch, wird seinerseits als Vergangenheitsleugner skandalisiert, und zwar unter Bekundung eines Degouts, als habe er gerade mit der Bestreitung der Verdrängungsthese geleugnet, was die Verdränger ihrerseits nicht wahrhaben wollen.

# VII.
Die Trivialität der Geschichtsmoral

Auch in Deutschland setzt allmählich ein Prozess der Retrivialisierung moralischer Grundsätze ein, ohne deren gemeinsinnskontrollierte Geltung auch ein modernes Gemeinwesen nicht existenzfähig ist. Genau in diesen Kontext passt die expandierende vergangenheitspolitische Zivilbußpraxis. Es liegt in der historischen Natur der Sache, dass die Amerikaner hierin ungenierter agieren. »That was wrong«, bekennt der amerikanische Präsident und meint nicht die Politik einer emanzipativ rückständigen unterdrückungstüchtigen Gesellschaftsformation, sondern ohne jede gesellschaftstheoretische Sophistikation die Sklavenfängerei. Wer für die nationalsozialistischen Massenmorde um Entschuldigung bittet, bezieht sich damit nicht auf Vorgänge in der gesellschaftstheoretischen Bedeutung von Gewalttaten der untergangsgeweihten Kapitalistenklasse in der Phase ihres Übergangs zur terroristischen Selbstverteidigung. Um Völkermorde für bußbedürftig zu halten, muss man sich nicht erst über vergleichende historische Studien ihrer jeweiligen Einzigartigkeit versichern.

Wo über Grenzen hinweg Kirchenführer des Unrechts gedenken, das den Millionen Opfern der großen ethnischen Säuberungen des 20. Jahrhunderts widerfahren ist, wären Erörterungen der etwaigen völkerrechtlichen Entlastungswirkung des Rekurses auf die Beschlüsse der Potsdamer Konferenz degoutant. Und die Massenmorde unter kommunistischer Herrschaft sind nicht deswegen Morde von einer moralisch weniger gravierenden Qualität, weil ihre Opfer als Klassengegner registriert und damit zumeist Angehörige des jeweils eigenen Volkes waren.[104] Das eine ist die Klage und Selbstanklage, die sich auf Untaten bezieht, die einer moralisierenden Erörterung schlechterdings unbedürftig sind, weil die Moral trivial ist, über deren ebenso fundamentalen wie allbekannten Regeln sich die Täter hinweggesetzt hatten. Das andere sind die Reflexionsprodukte von gelehrten und sonstigen Intellektuellen in Redaktionsbüros oder akademischen Seminaren.

Nicht, dass es genügte, es vergangenheitspolitisch bei der Bekräftigung der Geltung der vertrauten fundamentalen Regeln tradierter Gemeinmoral selbstanklagebereit zu belassen. Die Feststellung des Unrechtsgehalts dessen, was tatsächlich geschehen ist, bereitet ja als kognitiver Akt nicht die geringsten Schwierigkeiten. Umso bedrängender sind die Schwierigkeiten, die wir haben, im Nachhinein zu erklären, wie das denn trotzdem möglich war. Zur Beantwortung dieser Frage werden in der Tat auch Theorien benötigt. Aber die Chancen, sie zu finden, argumentativ zu erhärten und sie der Probe ihrer Tauglichkeit in der Empirie geschichtswissenschaftlicher Forschung zu unterziehen – das alles setzt voraus, dass man im Kontext professioneller Vergangenheitsvergegenwärtigung strikt der Versuchung widersteht, seine jeweils eigenen theoretischen Optionen vorab mit einem moralischen Geltungsprivileg auszustatten. Es ist ja wahr, dass moralische Ungeheuerlichkeiten dann und wann auch zu ungeheuerlichen Erklärungen greifen lassen. Aber die Ungeheuerlichkeit solcher Erklärungen, die exemplarisch vorzuführen sich hier erübrigt, rückt jemanden doch nicht eo ipso in bedenkliche Nähe zur Ungeheuerlichkeit der Taten, die erklärt werden sollen. Es handelt sich vielmehr im Regelfall um kognitiven Nonsens, mit dem man überlebende Opfer nicht belästigen sollte.

So oder so: Gerade die Trivialmoral, wie sie sich einzig für Bußzwecke eignet, macht die Fettnäpfchen unbeachtlich, die die Historiographie in einen Correctness-Parcours zu verwandeln drohen. Das Triviale ist bekanntlich das Fundamentale, und genau in dieser konventionellen Bedeutung des Wortes eröffnet die Bekräftigung der fundamentalen Regeln traditionaler Moral Räume für Feststellungen und Erörterungen dessen, was der Fall war, die von Ängsten vor dem Einspruch von Correctness-Wächtern frei sind. Entsprechend setzt sich die Refundamentalisierung öffentlicher Moral – und das scheint mir der Kern der sich ausbreitenden modernen Zivilbußpraxis zu sein – vergangenheitspolitisch in konsequente Historisierung unserer Herkunftsgeschichten einschließlich ihrer moralischen Katastrophen um.

Ein Indikator für diese Zusammenhänge ist die rasch wachsende Zahl der Veröffentlichungen, die, anders als die bekannten Schwarzbücher oder Weißbücher aus unseren älteren Nationalgeschichten, statt Anklagen oder Verteidigungen selbstanklagebereiter Aufklärung dienen.

Das massenmedial verstärkte öffentliche Aburteil über vermutete oder tatsächliche Bußunfertigkeiten bewirkt inzwischen, dass frühe – und sei es jugendliche – Engagements bei untergegangenen totalitären Parteien, vom beschwiegenen Pudendum zu einem Regelbestandteil einschlägig betroffener Autobiographien geworden sind, was gelegentlich sogar schon wieder aufdringlich wirkt. Unternehmen beauftragen möglichst prominente und eben dadurch, im Idealfall, unabhängige Historiker mit der Aufarbeitung historisch belastender Teile der Unternehmensgeschichte, und zwar ganz unabhängig von den gegebenen oder auch nicht mehr gegebenen etwaigen Rechtsfolgen neu aufgedeckter historischer Fakten. Parlamentarische Enquête-Kommissionen und ministerielle Arbeitsgruppen erheben Fakten über Regierungsverbrechen. Verjährungsvorschriften sind, wie gesagt, aufgehoben worden, und das ausdrücklich auch in der Absicht, durch die Prozesse über die Sühne für Täter hinaus auch zur fortdauernden Aufklärung der Vergangenheit beizutragen.

Selbst in Ländern, die, wie die Schweiz, gegenüber den faschistisch oder nationalsozialistisch beherrschten Nachbarn unabhängig zu bleiben vermochten, jetzt aber Folgelasten ihrer Flüchtlingspolitik aufzuarbeiten[105] oder auch unerledigte Fluchtgeldkonten der Shoah-Opfer abzuwickeln[106] haben, verfährt man heute so. Überall zerfallen residuale Nationalmythen unaufhaltsam. Mit Genugtuung wird in der internationalen Presse der Wille der Regierung Frankreichs kommentiert, »mit der offiziellen Vertuschung der Wahrheit zu brechen«, mit der man bislang die »Massaker an Algeriern« vor vier Jahrzehnten sekret zu halten versucht habe.[107] Noch während betroffene Unternehmen »Stiftungsfonds« für die Regelung von Restitutionsansprüchen ehemaliger NS-Opfer, insbesondere ehemaliger Zwangsarbeiter, einrichten, geraten sie schon unter den Verdacht der Historiker, dass mit dem Transfer des Aktenmaterials in die Obhut dieser Stiftungen der freie Zugang zu diesen Akten behindert werden könnte.[108]

Diese kleine Blütenlese aus jüngeren Zeitungsberichten mit geschichtspolitischem Inhalt, die sich endlos fortsetzen ließe, belegt die neue Mentalität einer Bereitschaft zur ungenierten Historisierung in vergangenheitspolitischer Absicht. Es versteht sich von selbst, dass auch dieser Prozess von mannigfachen Versuchen, ihn für den Gewinn von moralischen Geltungsprivilegien zu nutzen, nicht freigehalten werden kann. Aber diese Versuche scheitern überwiegend an der neuen Moral einer rigiden Verpflichtung auf historische Treue im konventionellen Sinn. Sollte aber auch noch insoweit etwas aufzuarbeiten bleiben, so hat man für den entsprechend fälligen intellektuellen Prozess bereits den Neologismus »Gegenwartsbewältigung« komponiert.[109] Dabei verstehen sich die Medien keineswegs als privilegierte Hüter guter Vergangenheitsmoral, die anderen Leuten – Politikern, Bürgern und auch Wissenschaftlern – zur strengeren Beachtung anzusinnen sei. Auch in den Medien breitet sich das entsprechende Ansinnen als Selbstkritik aus – mit der auf förmlich beschlossene Regeln gebrachten Verpflichtung, sich an »zuverlässige Quellen« zu halten, für Bedingungen der »Unabhängigkeit« zu sorgen und »intensive Recherche« zu betreiben, bevor man öffentliche Behauptungen über das riskiert, was vorgefallen sein soll.[110]

Aufklärungsbereitschaft, so glaubt man zu sehen, breitet sich also vergangenheitspolitisch irresistibel aus. Gegenläufiges intellektuelles Correctness-Gebaren scheint zu den unvermeidbaren Nebenfolgen dieses Vorgangs zu gehören. Aber die öffentliche Kultur ist inzwischen viel zu differenziert, als dass Gesinnungssekten sich beliebig weit ausbreiten könnten. Während sie in einer Redaktion dominieren, spielen sie in der Nachbarredaktion keine Rolle. Analog verhält es sich in den akademischen Kommunitäten. Die schlichte Pragmatik der Interaktion konsensunfähiger Gruppen begünstigt im Endeffekt nicht den Rigorismus der Korrekten, vielmehr den Liberalismus der gegen den Widerspruch der historischen Realität nicht Immunisierten. Der nötige Konsens, ohne den auch eine im skizzierten Sinne liberale Kultur ihre Einheit verlöre, ist dann freilich nicht ein Konsens durch unwidersprechliche Geltung anspruchsvoller Geschichtsbilder oder Sozialtheorien. Er ist vielmehr ein Konsens auf der Basis common-sense-fähiger moralischer Grundsätze von fundamentaler Bedeutung sowie ein Konsens in der Anerkennung der moralischen und juridischen Regeln, die die soziale und politische Koexistenz dissentierender Individuen und Gruppen möglich machen.

Das ist ein freundliches Bild. Aber gerade der öffentliche Eifer im Bemühen, sich vergangenheitspolitisch uneingeschränkt als selbstaufklärungsbereit zu erweisen, stört seinerseits potentiell noch einmal den fälligen Historisierungsprozess. Berichte von Kommissionen, die zu Zwecken spezieller historischer Aufklärung offiziell konstituiert worden sind, gewinnen auch dann, wenn die Unabhängigkeit dieser Kommissionen gewährleistet ist, leicht einen Anstrich von offiziöser Geltung. Hinzu kommt, dass der offizielle Forschungsauftrag gelegentlich mit privilegiertem Zugang zu Unterlagen verbunden wird, die der übrigen Öffentlichkeit noch verschlossen sind. Das erweckt dann den Argwohn, so könnte sich eine politisch privilegierte Historiographie etablieren. In höherem Auftrag oder bloß so zu forschen – das wirkt sich als Unterschied auf die akademischen und sonstigen Kommunitäten der professionell mit Aufgaben der Vergangenheitsvergegenwärtigung Befassten aus.[111]

Die neue Zivilbußpraxis, die hier vorgestellt und in ihren Voraussetzungen und Konsequenzen erörtert worden ist, steht metonymisch für neue, nämlich entideologisierte und sich konsequent historisierende Formen moralisch und politisch interessierter Vergangenheitsvergegenwärtigung. Solche Vergangenheitsvergegenwärtigung wird als Aufklärungsmedium wirksam. Aber Gelegenheiten zur materiellen und geltungspolitischen Vorteilsverschaffung bietet sie, wie geschildert, auch. Entsprechend bedarf auch sie einer Kontrolle und Selbstkontrolle, die mehr umfasst als Sicherung der uneingeschränkten Geltung der professionellen methodologischen Standards geschichtswissenschaftlicher Forschungspraxis. Sachlichkeit hat den Charakter einer moralischen Norm, und die Erfüllung historiographischer Objektivitätspostulate ist eine praktische Leistung, die auch in einer liberal verfassten Kultur gegen mannigfache Interessiertheiten verteidigt sein will, dass die Vergangenheit so und nicht anders vergegenwärtigt werden möge, indem man weiß, wie viel komfortabler sich leben ließe, wenn die historische Wahrheit nicht diese, vielmehr eine ganz andere gewesen wäre.

VIII.
Das Ende der politischen Vergangenheitskontrolle und die Archive

Die Vergangenheitspolitik bedarf auch in freien Gesellschaften der organisatorischen und rechtlichen Absicherung ihrer Wahrheitsbindung. Dazu gehört vieles, und einen besonders wichtigen Aspekt der Sache kann man sich durch George Orwells politischen Schreckensroman »1984« eröffnen lassen.[112] Orwell behandelt in diesem Roman den Totalitarismus, den er wohlbedacht konsequent links-rechts-indifferent beschreibt, als politisches Zukunftssystem mit der Tendenz globaler Ausbreitung. Die elektronisierte Massenkommunikationstechnik wird als das Instrumentarium der Perfektionierung unausweichlicher Omnipräsenz totalitärer Kontrollgewalt behandelt.[113] Orwell hat Unrecht behalten, und inzwischen erkennen wir auch, wieso moderne Massenkommunikationstechnik, statt freiheitsgefährdend, totalitarismuszersetzend wirkt.[114]

Die Gründe für die freiheitsbegünstigenden Wirkungen moderner Kommunikationstechnik sind hier in ihren massenkommunikationstheoretischen Details nicht zu erörtern. Hier handelt es sich um den vergangenheitskontrollpolitischen Aspekt des Totalitarismus, und eben dieser Aspekt ist auch für Orwell selbst der wichtigste gewesen. Winston Smith, der als Hauptfigur des Orwellschen Romans schließlich lernen soll, seine Liquidation als unausweichlich anzuerkennen und den Großen Bruder, der sie verfügt, zu lieben, übt die uns so freundlich und politisch unverfänglich erscheinende Tätigkeit eines Archivars aus. Archive – das sind ja nichts anderes als Institutionen der Verwahrung des Altaktenniederschlags aus der Tätigkeit der Verwaltungen, Gerichte, auch Presseabteilungen, der Informationszentralen und sonstigen Einrichtungen des Staates und analoger öffentlicher Körperschaften. Was macht ausgerechnet einen Archivar geeignet, in seiner Person den spezifischen Charakter totalitärer Herrschaft zu spiegeln? Es ist nicht der Kontrast unumschränkter Gewalt einerseits und der vollendeten Harmlosigkeit eines Verwalters von Altdatenfriedhöfen andererseits, der dem Autor den Beruf seines Protagonisten nahelegt. Orwell hat vielmehr begriffen und zeigt, dass der Totalitarismus sich in der uneingeschränkten politischen Kontrolle über unsere individuellen und kollektiven Identitäten vollendet. »Je suis mon passé«, heißt es bei Sartre[115], und zur Unverfügbarkeit unserer individuellen wie kollektiven Identität gehört deswegen die Indisponibilität der Gesamtheit der Bestände, auf die wir uns stützen müssen, wenn wir in der Absicht zu sagen, wer wir sind, unsere jeweilige Geschichte erzählen.[116]

Genau komplementär dazu erhebt George Orwell die totale vergangenheitspolitische Verfügungsmacht über Herkunftsgeschichten zum Charakteristikum totalitär vollendeter Herrschaft. Vollständige Gegenwartskontrolle setzt perfekte Vergangenheitskontrolle voraus – sowohl die der eigenen Vergangenheit wie die der Vergangenheit beliebiger anderer. Dem entspricht die Funktion des Archivars Winston Smith im Wahrheitsministerium, den dort verwahrten Informationsniederschlag der Vergangenheit fortlaufend so umzuschreiben, dass sie sich zu den jeweils aktuellen politischen Wünschen fügt, welche Vergangenheit man denn anstelle der archivarisch dokumentierten lieber gehabt hätte. Als durch Aktenumschreibung justierte Vergangenheit hat man sie dann.

In einer Welt der rechtlich gesicherten Freiheiten, die sich, statt der 1984er Welt Orwells, erfolgreich behauptet und seit 1989 sogar dramatisch ausgeweitet hat, sind entsprechend Archive, statt Orwellscher Einrichtungen einer von politischen Gegenwartsinteressen diktierten Vergangenheitsumschrift mittels Altdatenumtausch, funktional primär »Arsenale der Geschichte«[117]. Das heißt, sie sind Institutionen der Sicherung von Quellen einer Vergangenheitsvergegenwärtigung, die sich der Selbstkontrolle eines methodologisch gewordenen Historismus unterwirft: »Irgendwann verdrängt die historische Bedeutung eines Schriftstückes die rechtliche oder verwaltungsmäßige Bedeutung und bleibt allein übrig.«[118]

Indessen: Auch die jüngste internationale Repolitisierung unserer modernitätsspezifischen Vergangenheitsvergegenwärtigungskultur, für die die neue Zivilbußpraxis Symbol und Metonym ist, hat in überraschender Weise auch die Archivarstätigkeit repolitisiert. Sogar für Privatarchive gilt das. Man hätte doch annehmen sollen, dass die Entsorgung altersabhängig rechtlich irrelevant gewordener archivierter Kontenbücher gemäß Anordnung eines um Stellflächen für neuere Altakten besorgten Magazineurs durch einen Subalternen eine Angelegenheit von vollendeter Sensationslosigkeit hätte sein müssen. Nachdem allerdings in der Schweiz liegende unerledigte Fluchtgeldkonten späterer Holokaustopfer bereits zum Gegenstand weltöffentlicher Aufmerksamkeit geworden waren und eine rechtlich und politisch definitive Erledigung der Angelegenheit anstand, gewann zwangsläufig die fragliche bankinterne Altaktenkassation nach ihrer Aufdeckung den Charakter einer gezielten Vergangenheitstilgung in gegenwartsentlastender Absicht.

Der Subalterne, der einige der erledigten Kontobücher vor der Shredder-Maschine gerettet hatte, wurde in den USA als vergangenheitspolitischer Wahrheitswächter gefeiert. Die Mutmaßung seines höchsten Chefs, er habe für sein Verhalten wohl »nicht nur ehrbare Motive« gehabt, machte die Sache noch schlimmer: Der besagte Subalterne in der Funktion eines Nachtwächters zog aus der Angelegenheit die einleuchtende Konsequenz, in den USA Geschichte zu studieren. Und für die Schweiz erhöhte sich drastisch der Preis für den fälligen symbolischen Ausgleich der in ihren Details noch gar nicht aufgeklärten Vergangenheitslasten.[119]

In Deutschland nahm man grobe Verstöße gegen das Parteienfinanzierungsgesetz, die Persönlichkeiten aus der Führung der CDU zu verantworten hatten, zum Anlass, in einer den Fall verfahrensförmig gar nicht korrekt betreffenden Weise an geltende Archivregeln zu erinnern.[120] Das ist plausibel. Die Sicherung der Quellen unseres Wissens von vergangenheitspolitisch relevanten Vergangenheiten wird selber zu einem generellen vergangenheitspolitischen Erfordernis in einer Zivilisation, in der die gegenwartspolitische Bedeutung der Vergangenheit ständig wächst.[121]

Es ist nicht ohne weiteres evident, was zu tun ist, um die Quellen unseres vergangenheitspolitisch relevanten Geschichtswissens vor den tätigen Interessen so oder so betroffener Interessierter, die gern eine andere Vergangenheit hätten, zu schützen.[122] Die mit Abstand wichtigste vergangenheitspolitische Geschichtsquellenschutzregel lautet, dass die Kompetenz der Entscheidung darüber, welche Altakten und sonstigen informationellen Niederschläge vergangenen politischen, administrativen und juridischen Handelns für die Bedienung des Vergangenheitsinteresses Späterer dauerhaft zu verwahren seien und welche zu shreddern, nicht bei den Subjekten der Aktenproduktion, vielmehr als gesetzlich gesichertes Recht unabhängiger Entscheidung bei den Aktenverwahrern, also bei den Archiven liegen müsse. Moderne Archivgesetze stellen das sicher.[123]

Gegenwärtig gewinnt diese Regel zu gewährleistender Unabhängigkeit der Subjekte der Archivgutsicherung von den Subjekten der politischen und sonstigen öffentlichen Produktion dieses Archivguts ständig an Bedeutung. Das folgt aus dem Faktum, dass mit dem exponentiellen Anstieg der Aktenproduktion unserer wachsenden Bürokratien der Anteil des aus technischen, wirtschaftlichen und einigen weiteren Gründen überhaupt verwahrungsfähigen potentiellen Archivguts ständig absinkt. Umgekehrt formuliert: Der Anteil des Shredderguts wächst an, und er umfasst in etlichen modernen Archivzuständigkeitsbereichen bereits gegen fünfundneunzig Prozent der von den Verwaltungsinstanzen abgegebenen Altdatenmengen. Das wiederum bedeutet: Die präzeptive Vorwegnahme des Interesses Späterer an der Vergegenwärtigung derjenigen Vergangenheit, die unsere eigene Gegenwart zukünftig geworden sein wird, prägt wie nie zuvor das archivarische Handeln.[124] Die Vorstellung wäre lebensfremd, dass diese präzeptive Entscheidung, in der zukünftige Geschichtsinteressen so gut wie möglich vorweggenommen werden müssen, von politisch gebundenen Verwaltungen geleistet werden könnten. Diese Entscheidungen gehören in die Hände unabhängiger, als Historiker professionalisierter Experten der Geschichtsquellensicherung. Die Entideologisierung der Geschichtspolitik realisiert sich als konsequente Historisierung unserer jeweiligen Vergangenheiten, und eine von den Verwaltungen und von der Politik unabhängige Archivpraxis gehört zu den Bedingungen dieser Historisierung.

Wahr ist, dass die modernen Archivgesetze nicht nur dem Interesse der gesetzlichen Absicherung dieser Unabhängigkeit dienen. Sie haben mit ihren Sperrfristen und Zugangsregeln für Archivnutzer auch Datenschutz und Persönlichkeitsrecht zu sichern.[125] In der Kombination der historisierungsdienlichen Zwecke der gesetzlichen Privilegierung der Archivare in der Aufgabe der Verwandlung von öffentlichen Akten in Geschichtsquellen bedeutet das: Auch die geschichtspolitischen Fälligkeiten konsequenter Historisierung unserer jeweiligen Vergangenheiten, einschließlich ihrer jüngeren Teile, sind keine unumschränkt geltenden Fälligkeiten. Es gibt konkurrierende Aufgaben der Freiheitssicherung, und eine schrankenlose Verpflichtung von Personen und Institutionen, sich in vergangenheitspolitisch motivierter Absicht historisch erforschen lassen zu müssen, darf es nicht geben. Sie wäre, wie die politische Geschichtsquellenkontrolle, selber totalitär. In der geschichtspolitischen Summe heißt das: Die Erinnerungspflicht kann als uneingeschränkte Pflicht einzig frömmigkeitspraktisch im Kontext religiöser Bußordnungen gelten. Im öffentlichen politischen Lebenszusammenhang lassen sich rechtlich und moralisch uneingeschränkte Erinnerungspflichten einzig für solche Vergangenheitszeiträume konstituieren, für die Schutzfristenabläufe, institutionelle Untergänge und der Tod für wohltätige Begrenzung unserer Erinnerungsmöglichkeiten sorgen.

Anmerkungen

1 So Ernst Nolte: Die Deutschen und ihre Vergangenheiten. Erinnerung und Vergessen von der Reichsgründung Bismarcks bis heute. Berlin, Frankfurt am Main 1995, S. 120.
2 Den Terminus »Vergangenheitspolitik« hat vor allem Norbert Frei mit seinem einschlägigen gewichtigen Buch populär gemacht. Vgl. Norbert Frei: Vergangenheitspolitik. Die Anfänge der Bundesrepublik und die NS-Vergangenheit. München 1996.
3 Aus der Rede des deutschen Bundespräsidenten Johannes Rau am 16. Februar 2000 in Jerusalem.
4 Eindrucksvoll bei Gesine Schwan: Politik und Schuld. Die zerstörerische Macht des Schweigens. Frankfurt am Main 1997.
5 Für die Vergegenwärtigung dieser Fälle benutze ich eine Zusammenstellung, die für die Stiftung Wissenschaft und Politik – Forschungsinstitut für internationale Politik und Sicherheit –, Ebenhausen, Joachim Held, Christiane Konrad und Gerhard Weiher zusammengestellt haben: »Vergangenheitsbewältigung international und national. Nach individuellen Nutzerkriterien ausgewählte Beispiele und Information – Materialien«, Reihe C, Nr. 155, Oktober 1999. Herrn Dr. Gerhard Weiher danke ich, dass er mir diese Materialien zugänglich gemacht und auf meine Nachfragen hin noch ergänzt hat.

6 The WHITE HOUSE Office of the Press Secretary (Kampala, Uganda) remarks by the President to the Community of Kisowera School, Mukono, Uganda. March 23, 1998, S. 1-4.
7 Clinton and the Africa visit with speech at Goree Island. Public Diplomacy Query (PDQ). Document 10 of 100, S. 1-5.
8 R.W. Apple jr.: For Clinton, a Last Brush With Slavery Before Leaving Africa. In: International Herald Tribune. 2.4.1998, S. 10.
9 So Julius Effenberger: Senegal zwischen Yes und Oui. Französische Traditionen und amerikanische Trends. In: Neue Zürcher Zeitung. 17. April 1998, S. 4.
10 So der Titel eines Kommentars von Thomas Sotinel zur Afrika-Reise des amerikanischen Präsidenten, in: Le Monde. 17. April 1998, S. 13.
11 Das vergegenwärtigt uns, unter anderem, neu Harald Weinrich: Lethe. Kunst und Kritik des Vergessens. München 1997.
12 The Ministry of Foreign Affairs of Japan: Japan – Republic of Corea Joined Declaration. A New Japan – Republic of Corea partnership towards the Twenty-first Century. October 8, 1998 (Provisional Translation by the Japanese Government), S. 1-5, S. 1.
13 Anne Schneppen: Die Bewältigung der Vergangenheit bleibt ein wunder Punkt. Südkoreas Präsident Kim Dae-Jung besucht Japan. Warten auf eine Entschuldigung Tokios. In: Frankfurter Allgemeine Zeitung. 8. Oktober 1998, S. 7.
14 Ebenda.
15 Vgl. The Ministry of Foreign Affairs of Japan: Japan – China Joined Declaration on Building a Partnership of

Friendship and Cooperation for Peace and Development (Provisional Translation). 26. November 1998, S. 1-3.
16 So Gebhardt Hielscher: Das Land des Leugnens. Japan bekennt sich gegenüber China nicht zu seiner Vergangenheit und belastet so seine Zukunft. In: Süddeutsche Zeitung. 1. Dezember 1998, S. 4.
17 Nicholas D. Kristof: Jiang Trips over the Issue of Japanese War Apology. In: International Herald Tribune. 30. November 1998, S. 1.
18 Für Frankreich vgl. dazu Jean-François Revel: La grande parade. Essai sur la survie de l'utopie socialiste. Paris 2000.
19 Vgl. dazu die lange Reihe der Sprichwörter zu Beichte und Buße bei Karl Friedrich Wilhelm Wander (Hrsg.): Deutsches Sprichwörterlexikon. Darmstadt 1977. S. 297, 520.
20 Ebenda, S. 520.
21 Raymond Aron: L'opium des intellectuels. Paris 1955.
22 Moscow Restates Soviet-Era Position on Incorporation of Baltic States. Monitor – a daily briefing on the post-Soviet States. 21. Januar 1998, S. 4.
23 Dzintra Bungs: Seeking Solutions to Baltic-Russian Border Issues. In: RFE/RL research report. vol. 3. no. 13, April 1, 1994, S. 25-32, S. 29.
24 Vom 25. August 1993.
25 Zycie Warszawy: Jelzins Botschaft hinterlässt in Katyn ein Unbehagen. DW Monitor-Dienst Osteuropa. 21. Mai bis 6. Juni 1995.
26 By The Honourable Jane Stewart, Minister of Indian Affairs and Northern Development, on the Occasion of the Unveiling of Gathering Strength – Canada's Aboriginal Action Plan. Ottawa, Ontario, January 7, 1998, S. 1-8, S. 3.
27 So im Kontext eines Entwurfs: Draft Document for Re-

conciliation. A Draft for discussion by the Australian people, S. 1-4, S. 1.
28 UNITED NATIONS High Commissioner for Human Rights. Decision (2) 54 on Australia: Australia: Australia. 18/03/99. CERD/C/54/Misc. 40 (Rev. 2.).
29 Vgl. J. Andreoli: A qui appartient la terre australienne? In: Le Figaro. 10. Februar 1997.
30 Vgl. zum Beispiel Roman Herzog: Bitte um Vergebung. 50. Jahrestag des Warschauer Aufstands am 1. August 1994 in Warschau. In: Roman Herzog: Wahrheit und Klarheit. Reden zur deutschen Geschichte. Herausgegeben von Manfred Bissinger. Hamburg 1995, S. 107-110, S. 110.
31 »Moralisch verurteile ich die Vertreibung nach dem Krieg«, so äußerte sich in Übereinstimmung mit analogen Bekundungen zuvor am 24. September 1998 erneut der tschechische Präsident Havel – dieses Mal gegenüber dem Präsidenten der Republik Österreich Thomas Klestil (Monitor: Osteuropa. Ausgabe vom 25. September 1998, S. 22).– Dass wechselseitige Schuldeingeständnisse auch verschleierte Eingeständisvorbehalte enthalten können, dokumentiert eindrucksvoll der Prager Politikwissenschaftler Bohumil Doleetal: Tschechen und Deutsche haben ihr größtes Problem noch nicht gelöst. Was getan werden muss, um die heuchlerische Übereinkunft der gemeinsamen Erklärung zu überwinden. In: Frankfurter Allgemeine Zeitung. Nr. 93 (Mittwoch, 19. April 2000), S. 14.– Dazu kann es kommen, wenn in internationalen nachbarschaftlichen Beziehungen das außenpolitische Interesse an konventioneller Bekundung des guten Einvernehmens stärker ist als das Interesse an schuldeingeständnisbereiter wechselseitiger Bezugnahme darauf, wie es wirklich gewesen ist. Durch die uneingeschränkte Aner-

kennung der historischen Fakten, wie sie die moralisch konsequente Zivilbuße verlangt, weiß man sich überfordert. Nichtsdestoweniger ist man an einer Konsensbekundung interessiert. Daraus muss dann in einer Epoche, in der die Zivilbuße in die Pflege internationaler Beziehungen Eingang gefunden hat, eine Praxis der Zivilbuße mit einigen ausgeklammerten historischen Fakten werden. Das macht zugleich deutlich, dass zivilbüßerischer Wahrheitsrigorismus unter gewissen Umständen auch destruktive Wirkungen haben kann. Komplementär dazu gilt: Es gibt außenpolitisch tragfähige Nachbarschaftsverhältnisse bei wechselseitigen Vorbehalten im bekundeten Konsens über eine gemeinsame Geschichte.

32 Bei Gelegenheit der Gedenksession des Schweizer Nationalrats zum Ende des Zweiten Weltkriegs am 7. Mai 1995 durch Bundespräsident Villiger.

33 Vgl. dazu Ingo von Münch: Völkerrecht. Internationale Organisationen und Kriegsvölkerrecht in programmierter Form mit Vertiefungshinweisen. Berlin, New York 1971, S. 203.

34 In Anlehnung an den Titel des wirkungsreichen Aufsatzes von Ernst Nolte: Vergangenheit, die nicht vergehen will. Eine Rede, die geschrieben, aber nicht gehalten werden konnte. In: »Historikerstreit«. Die Dokumentation der Kontroverse um die Einzigartigkeit der nationalsozialistischen Judenvernichtung. München, Zürich 1987, S. 39-47.

35 Gemäß der Reichstagsrede Adolf Hitlers am 30. Januar 1939, in der Hitler bekanntlich das »internationale Finanzjudentum« als potentiellen Auslöser eines neuen Weltkriegs benannte, dessen Ergebnis, statt »Bolschewisierung der Erde und damit ... Sieg des Judentums«, dessen Vernichtung sein werde.

36 Zur Erklärung der mit wachsendem Abstand vom Ende der nationalsozialistischen Diktatur zunehmenden Intensität der deutschen Auseinandersetzung mit ihren Voraussetzungen und Folgen vgl. meine Abhandlung »Der Nationalsozialismus im Bewusstsein der deutschen Gegenwart«. In: Hermann Lübbe: Die Aufdringlichkeit der Geschichte. Herausforderungen der Moderne vom Historismus bis zum Nationalsozialismus. Graz, Wien, Köln 1989, S. 334-350.

37 Die »story«, »how the Holocaust was first marginalized, then came to be centered in American life«, erzählt eindrucksvoll Peter Novick: The Holocaust in American Life. Boston, New York 1999.

38 Otto Kimminich: Einführung in das Völkerrecht. Tübingen, Basel ^{6}1997, S. 320.

39 Vgl. exemplarisch evangelischer Erwachsenenkatechismus. Kursbuch des Glaubens. Im Auftrag der Katechismuskommission der Vereinigten Evangelisch-Lutherischen Kirche Deutschlands, Herausgegeben von Werner Jentsch, Hartmut Jetter, Manfred Kiesisz und Horst Reller. Gütersloh ^{3}1977, S. 1192-1203: »Beichte und Vergebung«.

40 So Jürgen Moltmann: Das Gespenst einer neuen »Zivilreligion«. Antwort der kritischen »politischen Theologen« an Hermann Lübbe. In: Jürgen Moltmann: Politische Theologie – politische Ethik. München, Mainz 1984, S. 70-78, S. 71.

41 Zum so gefassten Begriff der Zivilreligion vgl. meine Abhandlung »Staat und Zivilreligion. Ein Aspekt politischer Legitimität«. In: Heinz Kleger, Alois Müller (Hrsg.): Religion des Bürgers. Zivilreligion in Amerika und Europa. München 1986, S. 195-220.

42 Vgl. hierzu David D. Hall: Religion and Secularization in America: A Cultural Approach. In: Hartmut Lehmann (Hrsg.): Säkularisierung, Dechristianisierung, Rechristianisierung im neuzeitlichen Europa. Bilanz und Perspektiven der Forschung. Göttingen 1997, S. 118-130.
43 Thomas C. Reeves: The Empty Church. Does Organized Religion Matter Any More? New York 1996, S. 164f.
44 Franziskanermission: Brasilieninformation Weihnachten 1999, S. 19, 15.
45 So nach dem Bericht des Leiters des Referats Presse/Verlagswesen in der Zentralstelle Medien der Deutschen Bischofskonferenz Matthias Kopp: Zeitansage Heiliges Jahr. In: Die politische Meinung. 45. Jahrgang, Nr. 362 (2000), S. 7-11, S. 10.
46 Vgl. dazu die umfangreiche Berichterstattung in L'Osservatore Romano Anno CXL-N. 61 (13-14 marzo 2000), S. 1, 7-10.
47 Vgl. dazu die Auflistung dieser historischen Fälle durch Natale Benazzi: Sussidi storici. In: Memoria e Riconciliazione. La Chiesa e le colpe del passato. Il Papa chiede perdono. Purificare la memoria. Testo integrale del discorso del Papa. Precedenti interventi. Testo integrale del documento. Sussidi storici. Casale Monferrato 2000, S. 131-180.
48 So das deutsche Nachrichten-Magazin DER SPIEGEL 17/2000, S. 110f.: »Der halbherzige Reformator«.
49 Vgl. dazu die Erläuterungen zur päpstlichen Vergebungsbitte bei Alessandro Maggiolini: Perché la chiesa chiede perdono (vgl. Anm. 47), S. 119-130, S. 125.
50 Das findet sich eindrucksvoll beschrieben bei Wassilij Grossman: Leben und Schicksal. Roman. Herausgegeben von Efim Etkind und Simon Markish. München und Hamburg 1984 (zuerst Lausanne 1980), S. 429.

51 Die Verbindbarkeit dessen, was kulturindifferent Menschen verbindet, mit strikter Beachtung grenzstiftender Geltungsansprüche hat die römische Kirche eindrucksvoll und wirkungsreich im Treffen von Repräsentanten der Welt-Religionen demonstriert, zu dem Johannes Paul II. 1986 nach Assisi eingeladen hatte. Vgl. dazu Gerda Riedl: Modell Assisi. Christliches Gebet und interreligiöser Dialog in heilgeschichtlichem Kontext. Berlin, New York 1998.– Jeder betet nach eigener religiöser und konfessioneller Observanz, aber alle beten für den Frieden, dessen Nötigkeit mit der Menge der Interessenkonflikte, die bei sich ausbreitender Interaktion wächst, zunimmt. Ökumenizität wird in der modernen Welt durch Perhorreszierung des Synkretismus nicht gehemmt, sondern gefördert.

52 Vgl. dazu das Kapitel »Politischer Avantgardismus oder Fortschritt und Terror« in meinem Buch »Im Zug der Zeit. Verkürzter Aufenthalt in der Gegenwart«, Berlin, Heidelberg, New York ^{2}1994, S. 119-136.

53 Zitiert bei Peter Scheibert: Lenin an der Macht. Das russische Volk in der Revolution 1918-1922. Weinheim 1984, S. 85.

54 Vgl. dazu: »Totalitarismus« und »Politische Religionen«. Konzepte des Diktaturvergleichs. 2 Bde. (Bd. 1 herausgegeben von Hans Maier. Bd. 2 herausgegeben von Hans Maier und Michael Schäfer) Paderborn, Wien, München, Zürich 1996 und 1997.– Speziell zum Nationalsozialismus Claus-Ekkehard Bärsch: Die politische Religion des Nationalsozialismus. München 1998.

55 Immanuel Kant: Kritik der Urteilskraft. Werke. Band V (Ed. Ernst Cassirer), S. 348.

56 Vgl. dazu die Kapitel 14-20 meines Buches »Der Lebens-

sinn der Industriegesellschaft. Über die moralische Verfassung der wissenschaftlich-technischen Zivilisation«, Berlin, Heidelberg, New York ²1994, S. 151ff.
57 Dorothea Sattler: Folgen der Tat erleiden – Buße leben. Ökumenische Annäherungen im Verständnis der »Sündenstrafen« und des »Bußwerkes«. In: Karl Schlemmer (Hrsg.): Krise der Beichte – Krise des Menschen?. Ökumenische Beiträge zur Feier der Versöhnung. Würzburg 1998, S. 86-111, S. 102.– In Aufnahme auch von innerkirchlichen Bewegtheiten zur frömmigkeitspraktischen Verlebendigung der Buße hatte eine interkonfessionelle Theologen-Kooperative eine gutachtliche Feststellung zur Kenntnis genommen und bekräftigt, dass »ca. drei Viertel der Texte« des »Trienter Dekretes über das Bußsakrament im Hinblick auf das reformatorische Verständnis« mit ihren damaligen Aburteilen »entweder die lutherische Lehre nicht treffen oder heute« als »gegenstandslos« betrachtet werden können – so Ökumenischer Arbeitskreis evangelischer und katholischer Theologen: Lehrverurteilungen – kirchentrennend?. IV: Antworten auf kirchliche Stellungnahmen. Herausgegeben von Wolfhart Pannenberg und Theodor Schneider. Göttingen, Freiburg im Breisgau 1994, S. 43.
58 So Karl Rahner: Schriften zur Theologie. Band XI. Frühe Bußgeschichte in Einzeluntersuchungen. Bearbeitet von Karl H. Neufeld SJ. Zürich, Köln 1973, S. 304.
59 Vgl. Anm. 6, S. 3.
60 Am 18. August 1999, laut Bericht der »Panafrican News Agency«.
61 So die Frankfurter Allgemeine Zeitung am 21. August 1999, S. 4.
62 Eine etwas moderatere Bußpraxis erwies sich im Inter-

esse pragmatischer Fortsetzbarkeit irdischen Lebens einschließlich des Gemeindelebens als unumgänglich, und die Gläubigen der moralisch strengen Observanz, die Anhänger des Novatian zum Beispiel, emanzipierten sich um die Mitte des 3. Jahrhunderts schismatisch. Zum Novatianismus vgl. einführend Karl Baus: Von der Urgemeinde zur frühchristlichen Großkirche. Handbuch der Kirchengeschichte. Herausgegeben von Hubert Jedin. Band 1. Freiburg, Basel, Wien 1962, S. 376-380: »Römischer Bußstreit und Schisma des Novatian«.
63 Ausgabe vom 1. September 1999, S. 16.
64 Ebenda.
65 Die größten Wirkungen hat, international, das ausdrücklich in vergleichender Absicht geschriebene Schwarzbuch des Kommunismus erzielt: Stéphane Courtois, Nicolas Werth, Jean-Louis Panné, Andrzej Paczkowski, Karel Bartosek, Jean-Louis Margolin: Das Schwarzbuch des Kommunismus. Unterdrückung, Verbrechen und Terror. Mit dem Kapitel »Die Aufarbeitung des Sozialismus in der DDR« von Joachim Gauck und Erhart Neubert. Aus dem Französischen von Irmela Arnsperger, Bertold Galli, Enrico Heinemann, Ursel Schäfer, Karin Schulte-Bersch, Thomas Wollermann. München, Zürich 1998 (in der französischen Originalausgabe zuerst Paris 1997).– Das Internationale Institut für Nationalitätenrecht und Regionalismus hat ein kompaktes Kompendium der expandierenden Völkerrechtsverbrechen der ethnischen Säuberung und der Vertreibung seit dem letzten Drittel des 19. Jahrhunderts zusammenstellen lassen, nämlich von Rudolf Grulich: »Ethnische Säuberung« und Vertreibung als Mittel der Politik im 20. Jahrhundert. München ²1999.– Die Absicht des Autors, eines Deutschen aus Böhmen, ist

auch in diesem Falle nicht Entlastung mittels Vergleich, vielmehr Verschaffung von Evidenz für die Fälligkeit fortschreitender Positivierung gegensteuernder völkerrechtlicher Normen.
66 Vgl. dazu meinen Aufsatz »Politische Organisation in der zivilisatorischen Evolution«, in: Otto Depenheuer, Markus Heintzen, Matthias Jestaedt und Peter Axer (Hrsg.): Die Einheit des Staates. Heidelberg 1998, S. 9-27.
67 Vgl. dazu meinen Aufsatz »Netzverdichtung. Zur Philosophie industriegesellschaftlicher Entwicklungen«, in: Hermann Lübbe: Modernisierung und Folgelasten. Trends kultureller und politischer Evolution. Berlin, Heidelberg, New York 1997, S. 3-22.
68 Zu diesem hier »traditionell« genannten Vorgang der politischen Konstitution von Nationen vgl. Hagen Schulze: Staat und Nation in der europäischen Geschichte. München 1994.
69 Edgar Morin: Europa denken. Frankfurt am Main 1988, S. 168.
70 Vgl. dazu Reinhart Koselleck: Kriegerdenkmale als Identitätsstiftungen der Überlebenden. In: Odo Marquard, Karlheinz Stierle (Hrsg.): Identität. München 1979, S. 255-276. Vgl. ferner: Reinhart Koselleck, Michael Jeismann (Hrsg.): Der politische Totenkult. Kriegerdenkmäler in der Moderne. München 1994.
71 In Verdun und in Bitburg, wobei der Bitburgfall als Skandalfall wirkte, weil in den Soldatengräbern auch einige Angehörige der Militärformation »Waffen-SS« lagen. Vgl. hierzu die Dokumentation von Geoffrey H. Hartman (ed.): Bitburg in Moral and Political Perspective. Bloomington 1986.
72 So bei Michael Wolffsohn: Ewige Schuld? 40 Jahre

deutsch-jüdisch-israelische Beziehungen. München, Zürich ⁴1991, S. 65.
73 Vgl. dazu das Kapitel »Neukantianischer Sozialismus« in meinem Buch »Politische Philosophie in Deutschland«, Basel, Stuttgart 1963, S. 85-125, bes. S. 104ff., S. 124f.
74 Hermann Cohen: Die Religion der Vernunft aus den Quellen des Judentums. Nach dem Manuskript des Verfassers neu durchgearbeitet und mit einem Nachwort versehen von Bruno Strauss. Wiesbaden ³1995.
75 Ebenda, S. 421.– Vgl. dazu die ausführlichere Darstellung bei Hartwig Wiedebach: Die Bedeutung der Nationalität für Hermann Cohen. Hildesheim, Zürich, New York 1997, S. 23ff.: »Gegen Antisemiten und Zionisten (Martin Buber)«.
76 Vgl. Karl Marx: Zur Judenfrage. In: Karl Marx, Friedrich Engels: Werke. Band 1. Berlin 1977, S. 347-377, S. 369, 373.
77 Sonja Margolina: Das Ende der Lügen. Russland und die Juden im 20. Jahrhundert. Berlin 1992, S. 67-86: »Juden und die Modernisierung des Landes«, S. 78.– Als älteren, thematisch einschlägigen Titel vgl. Abraham Heller: Die Juden in Russland seit der Märzrevolution 1917 bis zur Gegenwart (zuerst Breslau 1935). Berlin 1982.
78 Helmut König, Wolfgang Kuhlmann, Klaus Schwabe (Hrsg.): Vertuschte Vergangenheit. Der Fall Schwerte und die NS-Vergangenheit der deutschen Hochschulen. München 1997.
79 Zur moralischen und rechtsphilosophischen Validierung dieses tatsächlich in der Rechtspolitik europäischer Länder erörterten Falles vgl. meinen Aufsatz »Moral und Philosophie der Moral«, in: Gerhard Frey, Josef Zelger (Hrsg.): Der Mensch und die Wissenschaften vom Menschen. Band II. Die kulturellen Werte. Innsbruck 1983, S. 545-555.

80 Ein literaturstoff-fähiger Fall – vgl. zum Beispiel Peter Handke: Kaspar. Frankfurt am Main ⁶1970. – Zur literaturevozierenden Kraft der Findlingsfälle vgl. Elisabeth Frenzel: Motive der Weltliteratur. Ein Lexikon dichtungsgeschichtlicher Längsschnitte. Stuttgart ²1980, S. 342: »Herkunft, Die unbekannte«. Zum Hauser-Fall, S. 359f.
81 Vgl. dazu meinen Aufsatz »Kollektivschuld. Funktionen eines moralischen und juridischen Unbegriffs«, in: Dieter Simon (Hrsg.): Rechtshistorisches Journal 16. Frankfurt am Main 1997, S. 687-695.
82 Vgl. dazu aus philosophischer Perspektive Otfried Höffe: Gibt es ein interkulturelles Strafrecht? Ein philosophischer Versuch. Frankfurt am Main 1999.
83 Vgl. dazu den Faschismusartikel in: Philosophisches Wörterbuch. Herausgegeben von Georg Klaus und Manfred Buhr. Band I. Leipzig 1979, S. 403-406, S. 403.
84 Auch spezialhistoriographisch – vgl. exemplarisch Abhandlungen und Vorträge zur Geschichte Ostfrieslands. Herausgegeben von der Ostfriesischen Landschaft in Verbindung mit dem Niedersächsischen Staatsarchiv in Aurich. Band 69: Aurich im Nationalsozialismus. Im Auftrage der Stadt Aurich herausgegeben von Herbert Reyer. Aurich 1989.
85 Vgl. exemplarisch Festschrift 350 Jahre Ulricianum. Gymnasium Ulricianum Aurich 1646-1996. Aurich 1996, darin Gerald Fiene: Das Ulricianum im Zeichen von Nationalsozialismus und Krieg, S. 112-136.
86 Sacha Zala: Gebändigte Geschichte. Amtliche Historiographie und ihr Malaise mit der Geschichte der Neutralität. 1945-1961. Bundesarchiv Dossier 7. Herausgegeben vom Schweizerischen Bundesarchiv. Bern 1998, S. 73ff.
87 Vgl. exemplarisch den Bericht »Evaluating Justice and Re-

conciliation Efforts«. Experts from a Panel Discussion at the Carnegie Council. In: Perspectives on Ethics and International Affairs. Number one (Fall 1999), S. 1, 14-19.

88 So in Deutschland in der Absicht, die Strafprozesse gegen die Täter der NS-Verbrechen durch Zeitablauf ungehemmt einleiten und führen zu können. Vgl. dazu Bernd Hay: Die NS-Prozesse – Versuch einer juristischen Vergangenheitsbewältigung. In: GWU 6 (1981), S. 331-362.

89 In der unmittelbaren Nachkriegszeit hat in Deutschland insbesondere Karl Jaspers zu dieser Resistenzbildung beigetragen. Vgl. Karl Jaspers: Die Schuldfrage. Von der politischen Haftung Deutschlands. Unveränderte Taschenbuchausgabe Zürich ²1996, S. 24. Es sei »sinnwidrig«, konstatiert Jaspers hier, »ein Volk als Ganzes eines Verbrechens zu beschuldigen«. »Nur der Einzelne« könne Verbrecher sein.

90 Vgl. dazu exemplarisch die Reihe der Aufsätze unter der Rubrik »Arena«, in: Dieter Simon (Hrsg.): Rechtshistorisches Journal 16. Frankfurt am Main 1997, S. 642-702.

91 Zum Begriff der symbolischen Politik und zu den Gründen der modernitätsabhängig wachsenden Aktualität dieser Politik vgl. meinen Aufsatz »Zeichen-Setzen. Funktionen symbolischer Politik«, in: Die politische Meinung. 44 (1999), S. 17-25.

92 Vgl. dazu, mit Bezug auf die Regierungsverbrechen in der DDR, meine Thesen unter dem Titel »Das Strafrecht – ein nötiges, aber schwaches Mittel zur Aufarbeitung des sozialistischen Totalitarismus«, in: 40 Jahre SED-Unrecht. Eine Herausforderung für den Rechtsstaat. Erstes Forum des Bundesministers der Justiz am 9. Juli 1991. Sonderheft der Zeitschrift für Gesetzgebung. München und Frankfurt am Main 1992, S. 15-17.

93 »Historikerstreit«. Die Dokumentation der Kontroverse um die Einzigartigkeit der nationalsozialistischen Judenvernichtung. München 1987. Vgl. auch Reinhard Kühnl (Hrsg.): Streit ums Geschichtsbild. Die »Historiker-Debatte«. Dokumentation, Darstellung und Kritik. Köln 1987.
94 Top 105a 1-9, 164b 8-12.
95 »Historikerstreit«. Die Dokumentation der Kontroverse um die Einzigartigkeit der nationalsozialistischen Judenvernichtung. München 1987.
96 Jürgen Habermas: Eine Art Schadensabwicklung. Die apologetischen Tendenzen in der deutschen Zeitgeschichtsschreibung. In: »Historikerstreit« (vgl. Anm. 95), S. 62-71, S. 71.
97 Ernst Nolte: Zwischen Geschichtslegende und Revisionismus? Das Dritte Reich im Blickwinkel des Jahres 1980. In: »Historikerstreit« (vgl. Anm. 95), S. 13-35, S. 29.
98 Gordon H. Craig: Craig über Craig. »Geschichte Europas im 19. und 20. Jahrhundert«. In: Frankfurter Allgemeine Zeitung. Geisteswissenschaften. Werksbesichtigung (XVII). Nr. 182 (9. August 1989), S. 3.
99 Vgl. dazu Horst Möller (Hrsg.): Der rote Holocaust und die Deutschen. Die Debatte um das »Schwarzbuch des Kommunismus«. München, Zürich 1999, S. 17.
100 Vgl. dazu exemplarisch den Bericht: Drei ältere Herren bilden ein geschlossenes System. Was sie übereinander zu sagen hatten: Die Reden zur Verleihung des Hessischen Kulturpreises an Jürgen Habermas, Marcel Reich-Ranicki und Siegfried Unseld. In: Frankfurter Allgemeine Zeitung. Nr. 296 (20. Dezember 1999), S. 51: Reich-Ranicki über Habermas.
101 Vgl. Anm. 94.

102 Darf man bei einer »international conference on genocide in Tel Aviv« neben dem Holokaust auch noch »the Armenian case« thematisieren? Über einen Konflikt in dieser Sache berichtet Peter Novick: The Holocaust in American Life (vgl. Anm. 37), S. 192f. Nachdem das in Israel geschehen konnte, waren es dann die Türken, die dagegen Protest erhoben. Das ist die Erhebung der Moral, die gebietet, was man zu beschweigen habe, zur offiziellen Diplomatie, in diesem Falle der türkischen.

103 So Herta Däubler-Gmelin in einer Kirchentagsdiskussion: Deutscher Evangelischer Kirchentag Frankfurt 1987. Dokumente. Herausgegeben im Auftrag des Deutschen Evangelischen Kirchentags von Konrad v. Bonin. Stuttgart 1987, S. 549.

104 So aber Hans-Ulrich Wehler, der den roten Holokaust unter »Exzesse des russischen Bürgerkriegs« zu verrechnen für angemessen hält: Hans-Ulrich Wehler: Entsorgung der deutschen Vergangenheit? Ein polemischer Essay zum »Historikerstreit«. München 1988, S. 249.

105 Vgl. dazu: Die Schweiz und die Flüchtlinge 1933-1945. Zeitschrift des Schweizerischen Bundesarchivs. Schriftleitung: Prof. Dr. Christoph Graf, Redaktion: Dr. Gérald Arlettaz. Band 22. Bern, Stuttgart, Wien 1996.

106 Vgl. dazu den Bericht über die Reaktion des Schweizer Bundesrats auf den Bericht der im offiziellen Auftrag tätig gewordenen Kommission Bergier: C. Wehrli: Dank, Kritik und Konsequenzen des Bundesrats. Verstärkung der Menschenrechtspolitik angekündigt. Neue Zürcher Zeitung Nr. 289 (11./12. Dezember 1999), S. 26.– Vgl. ferner im Vorlauf zum inzwischen erreichten Stand der Angelegenheit: Fluchtgelder, Raubgut und nachrichtenlose Vermögen. Wissensstand und Forschungsperspektiven.

Publikation zur Tagung im Schweizerischen Bundesarchiv Bern, 25. Februar 1997. Bundesarchiv Dossier 6.
107 Vgl. H. Bremer: Ende einer historischen Lüge in Frankreich. Paris bricht sein Schweigen über Massaker an Algeriern. In: Neue Zürcher Zeitung Nr. 187 (14./15. August 1999), S. 3.
108 Vgl. itz. (Pseud.): Historiker: Elan der Unternehmensgeschichte darf nicht nachlassen. Forscher fürchten nach Einrichtung des Stiftungsfonds eine »Rückkehr zur Politik der verschlossenen Archive«. In: Frankfurter Allgemeine Zeitung Nr. 152 (5. Juli 1999).
109 Claudia Schwartz: Gegenwartsbewältigung. Die Medien und die deutsche Vergangenheit: eine Debatte in Berlin. Neue Zürcher Zeitung Nr. 289 (11./12. Dezember 1999), S. 33.
110 So »Die Charta ›Qualität im Journalismus‹«, beschlossen vom Vorstand des Vereins »Qualität im Journalismus« am 29. Juni 1999. In: Neue Zürcher Zeitung. Beilage »Medien und Informatik«. Nr. 216 (17. September 1999), S. 49.
111 So in einem bedenkenswerten Aufsatz Jörg Fisch: Der Historiker als Weltenrichter. Fragwürdige Aspekte des gegenwärtigen Booms an historischen Aufarbeitungen. In: Neue Zürcher Zeitung Nr. 283 (4./5. Dezember 1999), S. 55.
112 Zum utopiehistorischen und politischen Ort dieses Romans vgl. meinen Aufsatz »Rückblick auf das Orwell-Jahr: die Schreckensutopien«, in: Utopien: Die Möglichkeit des Unmöglichen. In Zusammenarbeit mit Jacqueline Baumann und Rosmarie Zimmermann herausgegeben von Hans-Jürg Braun. Zürich 1987, S. 87-100.
113 Vgl. dazu das Kapitel »Technik als Medium totalitärer Herrschaft: George Orwell« in meinem Buch »Der Le-

benssinn der Industriegesellschaft. Über die moralische Verfassung der wissenschaftlich-technischen Zivilisation«, Berlin, Heidelberg, New York ²1994, S. 24ff.
114 Vgl. dazu meinen Aufsatz »Netzverdichtung oder das Ende der sogenannten Massengesellschaft«, in: Hermann Lübbe/Bernd Neumann: Informationsgesellschaft – Quo vadis? Sankt Augustin 1996, S. 17-26.
115 Jean Paul Sartre: L'être et le néant. Essai d'ontologie phénoménologique. Paris 1943, S. 159.
116 Vgl. dazu das Kapitel »Identität durch Geschichten« in meinem Buch »Geschichtsbegriff und Geschichtsinteresse. Analytik und Pragmatik der Historie«, Basel, Stuttgart 1977, S. 145-154.
117 So Gerhard Granier: Benutzungsgrenzjahre in öffentlichen Archiven. In: Der Archivar. Jahrgang 29 (1976), Heft 2, S. 195-202, S. 196.
118 So Carl Haase: Studien zum Kassationsproblem. In: Der Archivar. Jahrgang 28 (1975), Heft 4, S. 405-418, S. 411.
119 Pierre Weill: Der Milliarden-Deal. Holocaust-Gelder – Wie sich die Schweizer Banken freikauften. Zürich 1999, S. 133ff.: »Bundespräsident, Nachtwächter, Bankenchef und Diplomat«.
120 Albert Schäffer: Das Bundesarchiv hat das Entsorgungsmonopol. Detaillierte Regeln zur Aktenaufbewahrung. In: Frankfurter Allgemeine Zeitung Nr. 297 (21. Dezember 1999), S. 2.
121 Vgl. dazu Norbert Reimann: Die Archive in der heutigen Gesellschaft. Festansprache zum 75jährigen Jubiläum des Vereins Schweizerischer Archivarinnen und Archivare VSA am 11. September 1997 in Zug. St. Gallen 1998.– Ferner: Archive und Gesellschaft. Referate des 66. Deutschen Archivtags 25.-29. September 1995 in Hamburg, veranstaltet vom Verein deutscher Archivare. Siegburg 1997.

122 Vgl. dazu Hermann Bannasch (Hrsg.): Zeitgeschichte in den Schranken des Archivrechts. Beiträge eines Symposions zu Ehren von Professor Dr. Dr. Gregor Richter am 29. und 30. Januar 1992 in Stuttgart. Stuttgart 1995. Werkhefte der Staatlichen Archivverwaltung Baden-Württemberg. Serie A. Landesarchivdirektion. Heft 4.
123 Vgl. dazu Andreas Nadler: Die Archivierung und Benutzung staatlichen Archivguts nach den Archivgesetzen des Bundes und der Länder. Diss. Bonn 1995.
124 Vgl. dazu das Kapitel »Informationsdynamik und Überlieferungsbildung« in meinem Buch »Im Zug der Zeit. Verkürzter Aufenthalt in der Gegenwart«, Berlin, Heidelberg, New York ²1994, S. 155-228.
125 Vgl. dazu Hans-Ullrich Gallwas: Das Persönlichkeitsrecht als Grenze menschlicher Neugier. In: Hermann Bannasch (Hrsg.): Zeitgeschichte in den Schranken des Archivrechts (vgl. Anm. 122), S. 31-43.

© 2001 by Siedler Verlag, Berlin
in der Verlagsgruppe Bertelsmann GmbH

Alle Rechte vorbehalten,
auch das der fotomechanischen Wiedergabe.
Lektorat: Christoph Leuchter
Schutzumschlag: Rothfos & Gabler, Hamburg
Satz und Reproduktion: Bongé+Partner, Berlin
Druck und Buchbinder:
GGP Media, Pößneck
Printed in Germany 2001
ISBN 3-88680-716-9
Erste Auflage